Marylyn Abbott

Licht und Farbe im Garten

mit Fotos von Clay Perry

Marylyn Abbott

Licht und Farbe im Garten

Fotografiert von Clay Perry

Aus dem Englischen von Susanne Reichert

blv

Zur Erinnerung an Una Beatrice Read Abbott, 1906–1991, die meine Liebe zu Gärten weckte, und an Frederick Archibald Abbott, 1907–1972, der für diese Liebe Verständnis zeigte

Ein Garten entsteht nur durch den Einsatz der Menschen, die sich um ihn kümmern. Ich danke all jenen, die an den Gärten auf Kennerton Green, Mittagong, New South Wales, Australien, und auf West Green House, in der Nähe von Hartley Wintney, Hampshire, England, mitgearbeitet haben, besonders David McKinlay, der mit großer Hingabe auf Kennerton Green jedes Jahr ein großes Blütenschauspiel zaubert, und Dominic Rendall und seinem Vater Mike, die so gut für den Garten auf West Green House sorgen. Dankbar erinnere ich mich an Peter und Iris Seagar, die auf Dangar Island den Meeresgarten anlegten, und an Dora Zweck, die mir die Erlaubnis gab, ihren Garten in »Yaralla« im Rahmen meiner allerersten Gärtnerversuche zu verunstalten.

Ich möchte mich bei Kyle Cathie bedanken, die mir vorschlug, ich solle meine Erfahrungen mit der Anlage zweier Gärten, die sich an entgegengesetzten Punkten der Welt befinden, zu Papier bringen. Dank gilt auch ihren Lektoren, Kirsten und Charlie Rarie, die meine amateurhaften Texte in eine ansprechende Form brachten. Geoff Hayes danke ich für sein wohl überlegtes Design und Clay Perry für die wunderschönen Fotos, die er von meinen Gärten gemacht hat.

Clay Perry möchte sich bedanken bei Elspeth Barker für ihre schwarze Malve, bei Kate Campbell von Eye Abbey für die Euphorbien und Tulpen, bei den Verwaltern von Stonecrop Gardens im Staat New York für den Agapanthus und beim Thorp Perrow Arboretum für den Ahorn in Herbstfärbung.

Die Deutsche Bibliothek –
CIP-Einheitsaufnahme
Ein Titelsatz für diese Publikation ist bei
Der Deutschen Bibliothek erhältlich

BLV Verlagsgesellschaft mbH
München Wien Zürich
80797 München

Titel der englischen Originalausgabe:
Gardening with Light & Colour

Erschienen 1999 bei Kyle Cathie Limited
122 Arlington Road
London NW1 7HP

Übersetzung: Susanne Reichert
Bearbeitung: Dr. Eva Dempewolf
Lektorat: Dr. Thomas Hagen
Herstellung: Margareta Jankowski
DTP: Satz + Layout Fruth GmbH, München
Einbandgestaltung: Studio Schübel,
München
Einbandfotos: Clay Perry

Printed in Singapore ISBN 3-405-15946-6

Inhalt

Einführung

Ich versuchte gerade mühsam, endlich einzuschlafen, da läutete das Telefon. Ein Blick auf die Uhr sagte mir, dass es mitten in der Nacht war, und insgeheim verfluchte ich den Freund, der wieder einmal vergessen hatte, dass es so etwas wie Zeitverschiebung gibt. Daher meldete ich mich mit einem eher gequälten »Hallo«, doch als ich am anderen Ende der Leitung hörte: »Ich habe einen Garten für dich gefunden«, war ich sofort hellwach, und alles war vergeben und vergessen.

Im Sommer 1993 hielt ich mich in England auf und konnte auf ein Jahr der Entscheidungen zurückblicken: Mir wurde nämlich klar, dass ich vermutlich nur noch für ein letztes großes gärtnerisches Abenteuer Zeit haben würde, bevor ich dann endlich klein beigab und anfing, Bridge zu spielen. Wie viele meiner Altersgenossen war auch ich Nachfahrin britischer Pioniere, die zwar schon seit vier Generationen in Australien lebten, aber immer noch vom »Mutterland« sprachen und hartnäckig alles priesen, was britisch war. Schon seit Jahren hatten ich davon geträumt, einen Flecken in England zu finden, wo ich in einem von Mauern umgebenen Kolonialhaus mit formalem, etwas antiquiertem Garten meinen Traum vom idealen Zuhause verwirklichen konnte. Mit Waldstücken (natürlich mit einem Teppich aus »Bluebells«), Staffagebauten, Seen und Feldern, durch die Bäche flossen. Es war eine englische Bilderbuchlandschaft, wie man sie aus Verfilmungen von Jane Austens Romanen kennt.

Zwei Wochen nach diesem frühmorgendlichen Weckruf stieg ich völlig verschlafen aus dem Qantas-Flieger und stieß kurz darauf ein verbogenes Gartentor in Hampshire auf. Hinter einem Vorhang aus Hopfenranken tauchte ein völlig verwilderter alter Garten auf. In den einstigen formalen Staudenrabatten drängten sich jetzt nur noch die robustesten Pflanzen in den Vordergrund – Unmengen von Storchschnabel im Kampf mit hüfthohem Unkraut. In einem ehemaligen Gemüsegarten standen zwei ramponierte Obsthäuser wie Wachposten in der nackten Erde. Alter, vernachlässigter Buchs wucherte ungestört in kunterbunten Blumenbeeten, und Rosen hatten mit ihrer ungebrochenen Kraft wunderliche Laubenspaliere zu Boden gedrückt.

Durch einen Teppich aus Brombeerranken waren die abbröckelnden Überreste von Gebäuden zu erkennen. Und dieses Smaragdgrün dort hinten, das war ja ein See! Versteckte sich da ein Apfelbaum unter den dornigen Ausläufern? Mein Herz machte einen Luftsprung. Das war mein Garten, und drei lange Monate wartete ich – andere Immobilienschätze, die in der Zeitschrift *Country Life* lockten, geflissentlich ignorierend – auf die Erlaubnis des National Trust, dieses verwunschene Grundstück auf neunundneunzig Jahre pachten und die Anlage rekonstruieren zu dürfen.

Mein Herz war von diesem Fleckchen in Hampshire zwar sofort begeistert, aber mein Kopf sagte »Halt«, denn auf der anderen Seite der Welt stand ein entzückendes Cottage, umgeben von alten Bäumen und sanft gewellten Rasenflächen. Meine Gartenkenntnisse waren ziemlich lückenhaft, hatte ich sie mir doch in einem Land angeeignet, in dem sich Gärtner schon glücklich schätzten, wenn überhaupt etwas wuchs: Sommerliche Temperaturen von 30 °C und unablässige Regenfälle in den kalten Wintermonaten waren dort an der Tagesordnung. Ich wusste rein gar nichts darüber, wie man in England einen Garten anlegte und pflegte. Begriffe wie »eingeschränkt winterharte Pflanzen« faszinierten mich. Was steckte dahinter? Und was war das für ein Plagegeist, der den merkwürdigen Namen Geißfuß oder Giersch trug? Für mich bedeuteten englische Gärten eine Mischung aus Chelsea Flower Show und Rosemary Vereys Buch *The English Gentlewoman's Garden*.

Rückblickend muss ich sagen, dass ich nicht einmal Zeit hatte, mir groß Gedanken darüber zu machen. Ich freute mich einfach nur auf ein völlig neues Leben, in dem die Gartengeräte immer im Einsatz sein würden, denn sobald ein Sommer vorbei war, würde ich mit dem Flugzeug in den nächsten Frühling fliegen und wieder von vorn anfangen.

Seit dieser träumerischen Zeit sind nun fünf Jahre vergangen, der Garten von West Green House in Hampshire ist gerodet und es wurde mit der Rekonstruktion und Neubepflanzung begonnen. Kennerton Green in New South Wales atmet hingegen bereits etwas Dauerhaftes. Ich zerbreche mir schon lange nicht mehr den Kopf darüber, dass ich in Gärten arbeite, zwischen denen eine halbe Welt liegt und die doch beide das Wort »Green« im Namen führen. Und ich habe auch keine Zeit, darüber nachzudenken, wie mein Leben aussähe, wenn der National Trust seine Zustimmung verweigert hätte.

West Green House: Aus ihren Nischen blicken Gott Bacchus und vier römische Kaiser auf den Rasen des Green Theatre hinab.

Zwei Gärten mit unterschiedlichen Ansprüchen

Meine beiden Gärten liegen in kühlen gemäßigten Breiten, aber jeder von ihnen weist klimatische Extreme auf. Der manchmal gefrorene Erdboden und die langen Winter in England sind intensiver als die in Mittagong. Die trockenen Winde und langen Sommer in den Highlands von New South Wales sind dagegen in England unbekannt. So konnte ich beobachten, wie sich viele Pflanzen bei ähnlichen, aber doch unterschiedlichen Böden, klimatischen Bedingungen und Breitengraden verhalten. Dieses Abenteuer hat gerade erst seinen Anfang genommen, aber schon jetzt bemerke ich, dass manche Pflanzen in England lebhafter aussehen als unter australischem Himmel, während Farbzusammenstellungen, die in Australien klar und frisch wirken, in England eindeutig zu aufdringlich sind.

Wenn mich englische Freunde in Australien besuchen, lachen sie verblüfft, mit welch geradezu halsbrecherischer Geschwindigkeit unsere Pflanzen vom Frühling bis zum Sommer in die Höhe schießen. Innerhalb von zweieinhalb Monaten kommen ab Mitte September eine Reihe von Blumen fast gleichzeitig zur Blüte, die in England im Laufe von sechs Monaten – von April bis August – erscheinen. Als ich im ersten Jahr meine Staudenrabatte in England bepflanzte, war ich ratlos: Hatte ich etwa kränkliche Pflanzen gekauft? Warum blühten nur so wenige? Ich erwartete, dass meine Narzissen neben Tulpen, Hasenglöckchen, Fransenschwertel, Hahnenfuß und Primeln blühten, dass wie bei mir zu Hause auf *Iris hollandica* und *I. latifolia* im Zwiebelbeet unmittelbar Lilien, Vergissmeinnicht, Rittersporn, Bartiris, Inkalilien, Lupinen und Bartfaden sowie die frühen Rosen folgen würden.

In Australien bereite ich ein gewaltiges Farbfeuerwerk in breiten Rabatten vor, in denen dicht gedrängt Bäume, Sträucher, einige Stauden und viele früh blühende Zwiebelpflanzen und Sommerblumen stehen. Von September

bis November ist hier ein leuchtendes Farbenmeer zu sehen, bevor dann die Laubbäume dunkle Schatten auf die Beete werfen und so dem Wassermangel entgegenwirken und die Hitze filtern. Ich pflanze deshalb so, weil ich mir für einen hochsommerlichen Staudengarten einfach nicht genug Wasser leisten kann. Vor vielen Jahren ließ ich an einer breiten grünen Hecke aus *Cupressus torulosa* ein besonderes Beet ausheben. Hier versammelte ich einige besonders winterharte Stauden, darunter Astern, Katzenminze, Phlox, Monarden, Schafgarbe, Akelei und Edeldisteln. Im Frühsommer gedeihen sie oft hervorragend, wobei gerade der Salbei zu einem Albtraum in Blau werden kann, denn er neigt dazu, das ganze Beet zu überwuchern.

Aber solche Farbschauspiele sind von kurzer Dauer, da kurz vor Weihnachten heftiger Wind und sengende Hitze einsetzen. Und dann ärgere ich mich und bin frustriert, weil ich abgebrochene, verbrannte und verwelkte Pflanzen zurückschneiden muss, bevor sie überhaupt richtig geblüht haben. Sie bräuchten nur mehr Wasser, aber dieser Luxus ist mir nicht vergönnt, und so habe ich inzwischen akzeptiert, dass zu einem australischen Sommer in den südlichen Highlands eben dichter grüner Schatten gehört.

Die Rabatten in Hampshire hingegen quellen vor zu vielen Hochsommerpflanzen über, da ich dem Angebot der vielen Pflanzenkataloge einfach nicht widerstehen kann. Niemals zuvor habe ich eine solche Fülle an Vielfalt erlebt, die es mir gestattet, mit den Farben und Formen von Blättern und Blüten nach Lust und Laune zu experimentieren. Aber der alte Garten hat mir Einhalt geboten und bestimmt mit seiner Atmosphäre die Bepflanzung selbst – genauso wie das Klima in Australien mir vorschreibt, was ich dort anpflanzen soll.

»... ein gewaltiges Farbfeuerwerk in breiten Rabatten, in denen dicht gedrängt Bäume, Sträucher, einige Stauden und viele Zwiebelpflanzen und Sommerblumen stehen.«

Respekt vor der Tradition eines Gartens

Ganz offensichtlich haben die alten Mauern auf West Green House, die langen grünen Alleen, die umliegenden Felder und Wälder ein Wörtchen dabei mitzureden, welche Geschichte der Garten erzählen soll. Ich stelle fest, dass ich jetzt Farben einsetze, an die ich in Australien niemals gedacht hätte. Natürlich hat das sanfte Licht in England damit zu tun – ein Klima, das alle Kanten mit einem feuchten Dunstschleier abzurunden scheint, verleiht dem Licht einen magischen Zauber, den man im trockensten aller Kontinente, unabhängig vom Breitengrad, niemals auch nur in Erwägung ziehen würde.

Meine Intuition sagt mir, dass man die lange Geschichte eines Gartens nicht ignorieren darf. Er will nicht auf modern getrimmt werden, sondern bittet uns, auch die umgebende Landschaft, den Boden und den Himmel, die klimatischen Ansprüche, die Farbe der Zäune, den Stil und die Dimensionen der vorhandenen Gebäude sowie die Form des Gartenareals in unsere Planung einzubeziehen. Jedes dieser Elemente kann zur Schönheit des Gartens beitragen. Lassen Sie Ihrer Phantasie freien Lauf und einen Garten entstehen, der zu seiner Umgebung passt.

Es ist sehr schwierig, die Stimme eines Gartens aus all den verlockenden Pflanzphilosophien herauszuhören, die derzeit en vogue sind. Letzten Sommer verliebte ich mich unsterblich in die Vorstellung von farblich abgestuften Rabatten, mit denen ich den Ideen zweier großer Gärtnerinnen huldigen wollte – der Dichterin Vita Sackville-West und der Malerin Gertrude Jekyll, die beide als Gartengestalterinnen viel bekannter wurden. Nachdem ich tagelang Gärten besichtigt hatte, war mir, als ob der Farbkreis bei Blumen ein Eigenleben führte und sich wie ein Band aus Gelb, Blau, Rot, Purpur, Orange und wieder Gelb über das Land ausrollte, niemals anhielt, um die vorbeiziehende Szenerie zu betrachten, und nicht auf seine Umgebung achtete.

Ähnlich entsprang die Idee von einem rein weißen, nur durch graue und grüne Pflanzen gedämpften Garten dem auf Sissinghurst Castle in Kent. Dieses verblüffende Konzept war in erster Linie für eine liebliche Landschaft entworfen worden, doch es inspirierte Gärtner auf der ganzen Welt. Weiße Gärten tauchen in jeder Landschaft auf; auf rotes oder vulkanschwarzes Erdreich setzte man gern malerisch weiße Blumen. Wind und Regen lockern diese Böden jedoch im Lauf der Zeit, und so verschwinden die zarten weißen Blüten oft unter rotem oder schwarzem Staub oder im Schlamm. Es ist folglich wichtig, die Landschaft zu betrachten, ihre Stärken und Grenzen zu erkennen und Farben und Pflanzen auszusuchen, die die bereits vorhandene Landschaftsform bereichern.

Dies ist die Geschichte von zwei Gärten, die mir zugeflüstert haben, wie sie gestaltet werden wollen, und insbesondere bei der Auswahl der Farben ihr Mitspracherecht geltend machten. Beide Gärten, der auf West Green House und der von Kennerton Green, haben eine Fläche von etwa dreißig Ar. Beide sind in Ackerland eingebettete Landgärten, aber ich befürchte, dass keinem ein ruhiges Alter beschieden sein wird, da beide nur eineinhalb Stunden von der jeweiligen Landeshauptstadt entfernt liegen – für Gartenliebhaber nur ein Katzensprung! Es wird von kommunalpolitischen Entscheidungen abhängen, ob diese beiden beliebten und viel besuchten Gärten auch der nächsten Generation erhalten bleiben.

Ein Vergleich der beiden Gärten ist allemal schwierig. Einer ist England pur: ummauerte Gärten, Waldstücke, Seen und Staffagebauten in historischem Rahmen. Der andere verkörpert den traditionellen australischen Garten mit seinen riesigen, Schatten spendenden Bäumen, zu großen Rasenflächen und mäandernden Gartenbeeten, deren Existenz von der Wassermenge im Sommer abhängt. In beiden Gärten gab es ähnliche geartete Bereiche, die verändert werden wollten. Es ist schwer zu beschreiben, welch unterschiedliche Lösungen ich für zwei tennisplatzgroße Flächen erarbeiten musste! Beide Gärten verlangten nach einer Teichbepflanzung, nach Gemüsegärten und Beeten entlang Pfaden, Mauern und Hecken.

Ein Maler würde die Geschichte der beiden Gärten völlig unterschiedlichen Stilrichtungen zuordnen. Ich könnte mir denken, dass er Kennerton Green wie ein Gemälde von Grandma Moses sieht und West Green House als romantisches Werk von Gainsborough.

Würde ein Musiker wiederum Kennerton Green mit der erfrischenden, schwungvollen Musik von Percy Grainger und West Green House mit der von Purcell assoziieren? Würden beide auch nur entfernt die historische Entwicklung erspüren, wenn die Geschichte der Gärten unbekannt wären? Ich werde Ihnen ein wenig von dieser Geschichte und über meine Vorstellung von Farbzusammenstellungen erzählen, so dass Sie hoffentlich die Entwicklung sehen können.

GEGENÜBER, OBEN: Den Cherry Walk auf Kennerton Green habe ich mit einer »pflegeleichten« Mischung von Zwiebelblumen in Lavendel, Mauve und Blau bepflanzt.

GEGENÜBER, UNTEN: Frühe Abendstimmung auf Kennerton Green.

OBEN: In diesem Garten von West Green House mit seinen alten Mauern fühlt man sich in vergangene Zeiten zurückversetzt.

VORHERGEHENDE DOPPELSEITE: Die schon leicht verfallenen Überreste eines Pavillons im Seengebiet von West Green House.

Die Geschichte von West Green

Dominic, der Gärtner von West Green, besteht darauf, die Erscheinung zweimal gesehen zu haben, als er von der Rabatte an der Eibenallee zurückkam. Vielleicht war es der einsame Flötenspieler, der angeblich nachts auf den Pfaden wandelt und ein Klagelied für Culloden spielt. Meine Lieblingsgeschichte über West Green handelt vom General oder »Henker« Hawley, dem legendären General der Rebellion von 1745, der West Green Manor – so hieß das Anwesen bis in die 30er Jahre – erbaut haben soll. Er errichtete das Haus am Ende einer herrlichen Eichenallee vor der Kulisse dunkler Wälder. Die Allee endete eine Meile weiter am »Dutch House«, das einem seiner Waffenbrüder gehörte. Das Abendessen nahmen die beiden Männer stets gemeinsam ein, wobei sie sich als Gastgeber abwechselten. Eines Nachts – es war stockdunkel und ein heftiger Wind wehte – hörte Hawley auf dem Nachhauseritt in der Nähe von West Green Manor einen entsetzlichen Schrei. Sein Pferd erschrak und ging durch, und da das gespenstische Geräusch immer lauter wurde, warf ihn das entsetzte Tier schließlich ab. Am nächsten Morgen fand man Hawley im Straßengraben. Er hielt einen kleinen, laternenähnlichen Käfig umklammert, in dem der verschreckte Papagei seines Freundes saß!

Hawley starb als kinderloser Junggeselle und vermachte sein Anwesen dem zweiten Sohn seiner Haushälterin, dessen Nachfahren dort vier Generationen lebten, bis sie das Anwesen Ende des 19. Jahrhunderts verkauften. Darauf folgten mehrere Besitzer, die aus Freude am Haus die Fundamente und Mauern seines Gartens aus dem 18. Jahrhundert erhielten und gleichzeitig eigene, wunderschöne Gärten anlegten. Der erste war Dr. Playfair, der 1898 den berühmten Arts-and-Crafts-Architekten Robert Weir Schulz mit der Planung einer Reihe von Terrassen beauftragte. Deren Bepflanzung übernahm dann Evelyn Herzogin von Wellington (auch nach ihrer Wiederheirat weiterhin »The Duchess« genannt), die West Green Manor 1905 erwarb und innerhalb des bereits bestehenden Rahmens Gärten anlegte, die sogar in einem Artikel der Zeitschrift *Country Life* vom 1. November 1936 lobend erwähnt wurden: »Blickt man zum Haus zurück, sieht man sich wieder den vier römischen Kaisern gegenüber, über die sich Glyzinen ranken, die ihre Sünden beweinen.«

Ungefähr zu dieser Zeit trat Evonne FitzRoy auf den Plan, deren Leben sich wie das einer großen Abenteuerin früherer Tage liest. Als freiwillige Krankenschwester in Osteuropa, geriet sie 1916 auf der Heimreise in die Wirren der Oktoberrevolution. Als Sekretärin von Lady Redding, der Frau des Vizekönigs von Indien, lernte sie Gandhi bei seinem ersten Besuch beim britischen Staatsoberhaupt kennen. Nicht genug damit, durchquerte sie mit einer unverheirateten Freundin in einem kleinen Auto auch noch ganz Kanada. Um der Herzogin aus ihrer finanziellen Notlage zu helfen, überredete sie ihren Freund Victor Sassoon, West Green House zu erwerben (in den 30er Jahren wurde aus »Manor« »House«). Teil der Abmachung war, dass nicht nur die Herzogin, sondern auch sie selbst auf diesem Anwesen eine Bleibe fand.

Der berühmte General Hawley, der West Green House erbaute. Zu Lebzeiten ging das Gerücht, er sei der Sohn von George Lewis, dem Sohn des Kurfürsten von Hannover und späteren König Georg I.

Nach dem Tod von Miss FitzRoy war es der große Sammler Lord McAlpine, der erste Pächter des National Trust, der dem alten Haus auf West Green seinen Stempel aufdrückte. In Zusammenarbeit mit dem neoklassizistischen Architekten Quinlan Terry errichtete McAlpine einige der wichtigsten Staffagebauten. Rings um einen See ließ er das einem römischen Brunnenhaus nachempfundene Nymphäum, wunderliche Volieren, Tempel und eine künstliche Grotte anlegen. Dort tummelten sich Flamingos und seltene Vögel, während auf den Grasflächen seltene Rinder und Schafe weideten. Den Blickfang einer neu angelegten doppelreihigen Allee aus Zitronenbäumen bildete eine Säule, deren lateinische Inschrift besagt: »Dieses Denkmal wurde mit einer gewaltigen Summe Geldes erbaut, die sonst früher oder später den Steuereintreibern in die Hände gefallen wäre.«

Nachdem McAlpines Pachtvertrag abgelaufen war, ließ man die Anlage langsam, aber sicher unter wuchernden Rosen verfallen, damit sie möglichst malerisch wirkte. Aber Anfang 1990 – einige Monate nachdem McAlpine, damals Schatzmeister der Konservativen Partei, die Pacht aufgegeben hatte – wurde das alte Haus durch eine Bombe der IRA schwer beschädigt. Es stellte sich die Frage, ob man es reparieren oder abreißen sollte. West Green House wurde gerettet, aber durch die langjährige Vernachlässigung fiel der Garten in einen Dornröschenschlaf, und Unkraut und undurchdringliches Dornendickicht nahmen überhand.

An diesem Punkt komme nun ich in die Geschichte, und ein neues Kapitel beginnt. Gespenster, Herzoginnen, Visionäre – sie alle haben ihre Spuren hinterlassen. Dr. Playfairs Terrassen bilden das Grundgerüst des Green Theatre; die Beete, die zu Zeiten der Herzogin üppig mit weißen Rosen bepflanzt waren, werden derzeit neu angelegt, bezaubern aber immer noch, und auch Lord McAlpine Staffagebauten werden trotz ihres marode Zustands im Augenblick wieder restauriert. Mir war klar, dass ich die Vorgeschichte de Gartens in meine Pläne integrieren musst und unter keinen Umständen ein moderne gartengestalterisches Konzept durchsetze durfte. Die Geschichte sorgt für eine ganz e gene Atmosphäre, die mir sagt, für welche Gartenstil ich mich entscheiden soll und m welchen Farben sie sich zu neuem Leben e wecken lässt. Ich habe das Glück, in meinen Garten, der durch phantasievolle Pflanze noch schöner werden wird, frei schalten un walten zu können – aber er hat das letzt Wort.

OBEN: Miss Evonne FitzRoy als junge Frau.

GEGENÜBER: Das imposante Nymphäum, das heute die Kulisse für einen klassischen Wassergarten bildet, ist ein Entwurf des neoklassizistischen Architekten Quinlan Terry.

Kennerton Green

Meine Geschichte ist aber noch nicht zu Ende, denn am anderen Ende der Welt, »down under«, habe ich ja noch einen Garten. Wenn ein Kind mit ein paar Buntstiften ein Haus malen sollte, hätte dieses bestimmt ein Giebeldach mit einem Schornstein obendrauf, vorn in der Mitte befände sich eine schlichte Eingangstür, und zu beiden Seiten davon Fenster. Genauso einfach sehen australische Cottages aus, die ersten Behausungen, die die Einwanderer auf ihrem Weg ins Landesinnere, in den Busch, errichteten. Solch eine schlichte Hütte, erbaut von einem Pionier um 1860, steht heute im Mittelpunkt meines Gartens. Im Grunde ist es immer noch ein bescheidenes, weiß gestrichenes Cottage, das sich aus Beeten duftiger weißer hübscher Stauden wie aus dem Bilderbuch erhebt. Und diese weiße Blumenwolke setzt sich auf den Seitenbeeten ringsum fort.

Seit dreißig Jahren steht der Garten jedes Frühjahr für Besucher offen. Ich besichtigte ihn zum ersten Mal im Rahmen einer Wohltätigkeitsveranstaltung, bewunderte die weißen Blumen und schlenderte über die schattigen Rasenflächen, die das Haus umgeben, bis ich auf einen entzückenden kleinen Rosengarten stieß, der hinter exakt gestutzten Hecken verborgen lag und dessen alte Stammrosen in Reih und Glied am Teichrand standen. Glyzinen und Blütenwolken in blassestem Rosa verleihen ihm den Charme des idealisierten englischen Gartens, der tief in eine graugrüne Landschaft von Eukalyptusbäumen eingebettet ist.

RECHTS: Gut beschirmt: Eine üppige Glyzine *(Wisteria sinensis)* rahmt das Cottage auf Kennerton Green ein.

GEGENÜBER: Im Frühling erfreuen die Rabatten vor dem Häuschen den Betrachter durch ihre reinweiße Blütenpracht.

VORHERGEHENDE DOPPELSEITE: Ein Traum in Weiß sind diese *Rhododendron* 'Alba Magna' auf der rückwärtigen Veranda von Kennerton Green.

Australien wurde 1788 besiedelt, und innerhalb von zwanzig Jahren hatten die Kolonisten auch die Blue Mountains überschritten und in den dahinter liegenden Regionen kleine Bauernhöfe gegründet. Die kühlen Highlands südlich von Sydney wurden in der Siedlersprache bald zu einer »hill station«, einem Erholungsort in den Bergen, an den sich die Familien im Dezember, Januar und Februar vor dem feuchtheißen Küstenklima zurückzogen. Ansässige reiche Kaufleute kamen in die Highlands und errichteten prunkvolle Anwesen, deren großartige Gärten in der feinen Gesellschaft später zum Tagesgespräch werden sollten.

An derselben Straße, an der auch mein Cottage liegt, wurde 1900 ein Haus im Federation-Stil erbaut. Bereits in den 50er Jahren stiftete der betagte Besitzer das Haupthaus als Kinderheim und zog mit seinem jungen Betreuer in dieses Cottage, das jetzt mir gehört. Zum Zeitvertreib begann der junge Mann, Bäume zu pflanzen – so fing die Karriere von Ivan »Snow« Hansen an, der heute zu Australiens bekanntesten Gärtnern zählt. Der Garten war früher zwar kleiner als heute, wurde aber während der dreißig Jahre, die Sir Jock und Lady Pagan auf Kennerton Green verbrachten, unter der gärtnerischen Leitung von »Snow« Hansen Teil des »Gardening Heritage«. Die Vorlieben der beiden gaben den Stil vor, den ich bei allem, was ich tue, bewahren muss. Meine Mutter und ich kauften Kennerton Green im November 1988.

Im ländlichen Australien geht es in erster Linie darum, den Garten vor Wind zu schützen, ausreichende Wasserversorgung zu gewährleisten und sich einige bewährte Gebete zurechtzulegen, um ihn vor Dürre, Überschwemmungen, heißen Winden und Armeen von Schnecken und Heuschrecken zu bewahren. Auch Rosen, Blüte und die Fruchtbildung bedürfen göttlichen Beistands, denn Schwärme wunderschöner Vögel haben es nur darauf abgesehen, einen Garten kahl zu fressen: große weiße Gelbhaubenkakadus, bonbonrosa und graue Rosakakadus, scharlachrote, rote und blaue Gebirgsloris sowie die auffallend leuchtenden Rosellasittiche, die ein Wahrzeichen von Australien sind.

Zwei meiner Gebete wurden auf Kennerton Green erhört: Das Anwesen besaß ausgewachsene Bäume, die entlang der Koppeln einen Windschutz bildeten, und an einer Stelle konnte man einen breiten Damm errichten und zudem im Notfall die städtische Wasserversorgung in Anspruch nehmen. Rings um den Garten lagen weitläufige, leere Koppeln, die nur darauf warteten, bepflanzt zu werden. Wie die meisten Gärtner brauchte auch ich zwölf Monate, um den ursprünglichen Garten im Jahreszeitenverlauf zu beobachten und mein Land verstehen zu lernen. Ich musste mir ausmalen, welche neuen Gärten ganz natürlich aus dem bereits vorhandenen entstehen könnten, und mich mit dem Zauber und Charakter des Ortes vertraut machen. Wie schon in England war auch hier das Haus die Vorgabe für den Garten. In seiner weißen Schlichtheit verkörperte es ein Stück altes Australien. Das Reizvolle an dem Cottage war die Art, wie es sich mitten in seinen Garten schmiegte. Also plante ich, diesen um die vorhandenen Wege herum anzulegen, die immer wieder ins Zentrum zurückführten – einen nach innen gerichteten Garten mit sanften Windungen, die neugierig darauf machten, welche Überraschung sich hinter der nächsten Biegung verbarg, und mit hohen Toren, die sich zu immer neuen Ausblicken hin öffneten. Alleen, weite Perspektiven und großzügige, formale Pflanzungen hätten die ursprüngliche Behausung auf Zwergengröße schrumpfen lassen, weshalb ich beschloss, diese Elemente bescheidener einzusetzen: Nämlich in Verbindung mit schlichter Bepflanzung in Farbblöcken, um die verschiedenen Bilder hervorzuheben, die ich zu erschaffen hoffte.

Dieses Buch zeigt, wie ich mich zwei unglaublich verschiedenen Gärten auch mit völlig verschieden gearteten gestalterischen Plänen und menschlichen Wünschen näherte. Beide Gärten hatten ihre eigene Geschichte, aber ich habe das Gefühl, dass mich beide gerufen haben: Der eine, schon fast zur Ruine verfallen, wollte in alter Pracht aufleben, der andere sein Potenzial verwirklichen. Trotzdem ist keiner der beiden Gärten vollendet und wird es vermutlich auch nie sein.

Die Aborigines erzählen von einer Traumzeit, in der jedem Felsen, Baum, Fluss und Tier, ja wirklich jedem einzelnen Gegenstand sein eigener Geist innewohnt. Dieser Meinung bin ich auch. Jeder Garten hat seinen Charakter, und es ist die Aufgabe des Gärtners, diesen hervorzuheben. Gärten müssen der Seele desjenigen entspringen, der sie erschuf. Aber auch die Pflanzen waren meine Lehrmeister, und ich habe von ihren Farben gelernt, nach welchem Stil der Garten verlangt und wie ich das Bild entstehen lasse, das in ihm schlummert.

»Der Reiz des Hauses bestand in der Art, wie es sich mitten in seinen Garten schmiegte ...«

1 | Funkelnde Juwelen

»... hier sollten juwelenartig leuchtende Pflanzen in den Farben von Rubinen, Amethysten und Saphiren dunkel hervorglühen«

LINKS: Die karmesinrote Rose 'Cardinal Hume' und die rubinrote Dahlie 'Arabian Night' setzen in der »dunklen« Rabatte auf West Green House leuchtende Akzente.

OBEN: Die Alte Rose 'Charles de Mills'.

Der Augenblick der Wahrheit kam Ende 1993, als ich den englischen Garten, von dem ich so lange geträumt hatte, endlich mein eigen nennen konnte. Ganz bewusst hatte ich mich zwischen den bekanntesten Gartenanlagen der Welt niedergelassen, die als Paradebeispiele für Gartengestaltung im 20. Jahrhundert gelten: In einem Umkreis von zwei Stunden lagen die Gärten von Hidcote, Sissinghurst, Hatfield House, Hadspen sowie der Royal Horticultural Society in Wisley – und das war nur die Spitze des Eisbergs. Außerdem jede Pflanze aus kühl gemäßigten Regionen, die ich mir erträumte, innerhalb einer Stunde zu erhalten.

Plötzlich wurde mir das alles zu viel – zu viele Superlative auf einmal. Aber zum Glück rettete mich der Garten, gab mir Zeit zum Nachdenken. Er war noch nicht bereit; ich war noch nicht bereit. Ich war zu schnell gewesen. An einem weit entfernten Strand meinen Träumen nachzuhängen, war zwar wunderschön, aber jetzt musste ich ein neues Klima, eine neue Landschaft, ein neues Licht und Hunderte von Pflanzen verstehen lernen, von deren Existenz ich bislang nichts gewusst hatte. Der Garten glich einer schönen Frau, die in die Jahre gekommen ist: Die gute Substanz war vorhanden, aber man musste sie erst aufpäppeln, bevor man sie neu einkleiden durfte. Das gab mir den Raum zum Atmen, den ich zum Lernen brauchte.

Den ersten Sommer war ich damit beschäftigt, die Spuren jahrelanger Vernachlässigung zu beseitigen. Ich hatte mir vorgenommen, jeden Baum und Strauch zu retten, dem ich noch eine Lebenserwartung einräumte, alle Stauden und Zwiebeln, die ich bergen konnte, in einen neu anzulegenden Gartenteil zu verpflanzen und jegliches Material zur Landschaftsgestaltung aufzubewahren. Ich muss immer noch lächeln, wenn ich an meinen ersten Sommer denke: Wir hatten nicht nur die Beete zu säubern, sondern auch ein erstaunlich großes Terrain, in dem sich Dornen an Bäumen, Pavillons und Tempeln hochrankten, sowie einen völlig veralgten See freizulegen. Ich veranschlagte achtzehn Monate für die endgültige Beseitigung des Unkrauts und zum Mulchen, und als im Herbst 1995 die ersten Pflanzen eintrafen, setzten wir sie in nährstoffreiche Erde, die nützliche Würmer anlockte. Auf diese Art konnte ich meine gärtnerischen Fähigkeiten zunächst einmal auf einem Übungsfeld auf die Probe stellen.

Meine Gartenjahre auf West Green House sind nichts als ein weiteres Kapitel in seiner Geschichte, weshalb ich mit meinen Ideen die bereits vorhandene wunderschöne, formale Struktur auch nur behutsam ergänzen kann. Allerdings war ich von der modernen Theorie des Farbkreises und der gesättigten Farben durchdrungen – was sollte ich also mit Beeten anfangen, in denen bunt zusammengewürfelt Flieder, magentarote Rugosa-Rosen 'Roseraie de l'Haÿ' und ein paar verstreute Apfelbäume standen?

Eines Tages betrat ich bei Einbruch der Dunkelheit den ummauerten Hauptgarten. Spätes Sonnenlicht spielte auf den warmen Ziegelmauern, aber die Südwand – eine grüne Wand aus exakt gestutzten Eiben, Stechpalmen und Lorbeerbüschen, die von den kirchturmhohen Limettenbäumen überragt wurden – wirkte dramatisch und düster. Plötzlich erschien mir blitzartig ein rotes Leuchten, auf das Karmesinrot und Schwarzblau folgten. Es war eine göttliche Eingebung, denn ich wusste sofort, was ich in diesem ersten Beet pflanzen wollte: Hier sollten wie aus den Tiefen einer geöffneten Schatztruhe juwelenartig leuchtende Pflanzen in den Farben von Rubinen, Amethysten und Saphiren dunkel hervorglühen. Sie sollten die dunkel glänzenden Farben eines barocken Kirchengemäldes, das Magentarot eines Biretts, eines roten Umhangs, einer purpurfarbenen Schärpe aufweisen. Meine Rosenstöcke 'Roseraie de l'Haÿ' hatten mir unversehens gezeigt, dass ein dunkler, schattiger Bereich durch starke, satte Farben betont werden will, die vor einem glänzenden Hintergrund aufleuchten.

Schwere Farben in nördlichem Licht
Normalerweise würde man eine dunkle Stelle wahrscheinlich mit lichten Farben aufhellen, die aber sehr kalt wirken können. Helle, klare Farben wiederum wirken leicht grell, und solch eine Atmosphäre galt es in den historischen Mauern von West Green unbedingt zu vermeiden. Daher entschied ich mich für Burgunder, Kastanienbraun, Kirschrot und Magentarot. Diese Töne hatte ich niemals zuvor eingesetzt, ja nicht einmal gemocht, denn es sind heiße, drückende Farben, die die Hitze einfangen und im starken weißen Licht der Sommertage in wärmeren Klimazonen völlig abstumpfend wirken. Ich assoziierte damit immer das bedrohliche Glühen des Himmels vor einem heftigen Gewitter, die abgestandene Luft in Salons, die nicht benutzt wurden, und die grellrosa Sonnenuntergänge trockener Jahre, die ankündigen, dass der Regen noch lange auf sich lassen würde.
Aber bei den Lichtverhältnissen in nördlichen Breitengraden wirken diese Farben anders: Magentarot und Purpur sind satte, glanzvolle Töne, die Farbkombinationen einen Hauch von Luxus verleihen. Mit einem Mal erschienen sie neuartig und aufregend.
Ich wollte mich nicht an abgestuften oder gesättigten Farben versuchen, sondern an meinem Bild vom Aufblitzen barocker Juwelen festhalten. Bei meiner Suche stellte ich nun erstaunt fest, dass viele der ausgewählten Pflanzen bereits Namen trugen, die von Kirchenfürsten inspiriert waren: 'Cardinal de Richelieu', eine alte Gallica-Rose von sattem, samtigem Purpur, das mit zunehmendem Alter zu einem zarten, staubigen Purpur verblasst. 'Cardinal Hume', eine moderne Rose in mattem Karmesinpurpur, 'The Prince', eine Englische Rose in dunkelstem Scharlachrot, und 'Tuscany Superb', eine burgunder-karmesinrote samtige Callica-Rose. Mit diesen Rosen fing ich an, und rasch wurde daraus eine fieberhafte Jagd nach den sattesten, dunkelsten Pflanzenschätzen, die ich von Anfang Frühling bis Spätsommer finden konnte.

»... rasch wurde daraus eine fieberhafte Jagd nach den sattesten, dunkelsten Pflanzenschätzen, die ich finden konnte ...«

Die Tulpen hatten ähnlich vie sagende Namen: Da gab es die 'Queen of Night'; die glänzend purpurschwarze Papageientulpe 'Black Parrot', mit vielen Rüschen und so verführerisch wie ein schwarzes Negligé; 'Negrita' in tyrischem Purpur und 'Arabian Mystery', eine ebenfalls purpurfarbene Tulpe, die aber weiß gesprenkelt ist.

Tiefe satte Farben erzeugen einen eigenen Glanz. Steht jedoch nur wenig Raum zur Verfügung oder möchte man nicht eine ganze Rabatte diesen dunklen Farbtönen widmen, wirken sie selbst dann noch spektakulär, wenn damit andere Farben aufgehellt oder eine langweilige Farbkomposition lebendiger gemacht werden soll. Dunkle, schlecht beleuchtete Bereiche werden durch starke, satte Farbakzente zwar aufgewertet, aber Juwelenfarben fallen auch in Beeten mit blasserer Farbgebung auf. Manchmal sieht beispielsweise eine in Gelb gehaltene Rabatte eher wie ein Klecks zerlaufener Butter aus. Dann lässt sich mit dunklen Juwelenfarben und Marineblau Licht und Kontrast hineinbringen. Eine gelbe Fläche könnten Sie mit dem saphirblauen *Agapanthus* 'Midnight Blue', einigen *Hemerocallis* 'Root Beer', in schwärzestem Rot und ein paar Ihrer dunkelsten Lieblingsiris interessanter gestalten. Große Rabatten wirken lebendiger, wenn man ein oder zwei Büsche der bronzefarbenen Rose 'Just Joey' dazwischen setzt.

LINKS: Das warme Sonnenlicht bringt die einjährigen Ranunkeln 'Nearly Black' zum Leuchten.

GEGENÜBER, OBEN LINKS: Wie brennende Wunderkerzen wirken die Blüten von *Allium schubertii*.

GEGENÜBER, OBEN RECHTS: Die dunkelrote Witwenblume *Knautia macedonica*.

GEGENÜBER, UNTEN: Die Farbe der Gallica-Rose 'Cardinal de Richelieu' erinnert ein wenig an die Kardinalspracht des Vatikans.

Form und Struktur

Um dem Beet Höhe und Gewicht zu verleihen, pflanzte ich zwei Perückensträucher *Cotinus coggygria* 'Royal Purple' und fünf Berberitzen *Berberis thunbergii,* beide mit bronze-burgunderroten Blättern, und brachte sie in Form: Den Perückenstrauch stutzte ich zu ausladenden, 1,2 m großen, runden Kugeln, und die Berberitzen zu kleinen Kugeln von 90 cm Höhe. Dazwischen stellte ich den Dreifuß, den ich jetzt mit der sehr dunkel karmesinroten Kletterrose 'Guinée' drapiert habe. An ihm ranken sich sternförmige *Clematis* nach oben, die samtrote 'Warszawska Nike', die gefüllte, violettblaue 'Mrs James Mason' und die karmesinrote 'Royal Velvet' mit dem dunklen Mittelstreifen.

Wenn das kurze Farbschauspiel der Stauden- und Sommerblumenrabatte vorbei ist, sorgen die exakten Umrisse von in Form geschnittenem Buchs, Lorbeer und Eiben das ganze Jahr über für Struktur. Perückenstrauch und Berberitze setzen mit ihren Edelsteinfarben reizvolle Akzente.

Die runden Formen meiner bronzefarbenen Laubkugeln wiederholen sich in einer Pflanze, mit der ich den gesamten Garten schmückte: Es ist der Sternkugellauch *Allium cristophii* mit seinen amethystviolett-silbernen Kugeln, die im frühsommerlichen Garten zu Sternen aufblühen und den Übergang von dieser zur nächsten Rabatte bilden.

Auch der fedrige *Anthriscus sylvestris* 'Ravenswing', ein schwarzer Wiesenkerbel mit cremeweißen Blüten, gehört zu den Frühsommerpflanzen, die später von dem stärker leuchtenden, grünen Laub der Sterndolde *Astrantia major* 'Ruby Wedding' und ihrer nahezu identischen Schwestersorte 'Hadspen Blood' abgelöst werden. Diese beiden weisen entzückende, kleine, dunkelkarmesinrote Blüten auf, deren Spitzen etwas dunkler gefärbt sind.

UNTEN: **Die Sterndolde *Astrantia major* 'Ruby Wedding' und *Lupinus* 'My Castle' ergeben eine prächtige Mischung rubinroter Farbtöne.**

GEGENÜBER: **Die Farbe der Blütenkugeln von *Allium sphaerocephalon* erinnert an alten karmesinroten Brokat.**

»Die verschwenderischen dunklen Farben erinnern an eine prachtvolle Vergangenheit, an den rubinroten Brokat eines Ohrensessels, an kostbare alte Gobelins.«

Sommerliche Fülle

Bevor die Staudenrabatte ihren großen Auftritt hat, gibt es im Frühsommer eine etwas leblose Zeit, in der nichts blüht. Diese Periode lässt sich gut mit Iris überbrücken. Ich entschied mich für die schwarze 'Black Watch', die purpurschwarze 'Evening Silk' und die violett-blaue 'Dusky Challenger' sowie 'Burgundy Bubbles', die exakt denselben Farbton hat wie die Rose 'Cardinal de Richelieu'. Man kann sich in dieser Zeit auch mit Päonien behelfen: So habe ich in dieser Rabatte *Paeonia* 'Paul M. Wilde' gepflanzt – ein prächtiges Rot, das nur zögerlich blüht. Daneben machen sich die granatrote Bartiris 'Warrior King' und die durchgehend rötlich-purpurn-schwarze *Iris sibirica* 'Ruffled Velvet' im Frühsommer sehr gut. Für die Vertikale sorgen der dunkelste Rittersporn 'Black Night' und *Campanula glomerata* mit ihren satten Purpurtönen. Wenn es Herbst wird, rückt der leuchtend magentarote *Allium sphaerocephalon* in den Vordergrund, dessen hoch aufragende dekorative Stängel in einem langweiligen Garten einen echten Blickfang bilden.

Im Sommer setze ich mit magentaroten *Knautia macedonia* und *Lychnis coronaria* 'Magenta' Farbakzente im Garten. Wie Ausrufezeichen sehen *Atriplex hortensis* var. *rubra* aus, die sich zwischen den sattroten Dahlien 'Arabian Knight' emporrecken. Alles mutet wie eine spätsommerliche Konferenz im Vatikan an, besonders wenn sich die dunkelpurpurnen Blüten von *Penstemon* 'Burgundy' sanft herabneigen, so als hielten sie während einer langen Predigt an einem heißen Nachmittag ein Nickerchen.

Diese Rabatte strahlt mit ihren melancholischen Pflanzen fast das ganze Jahr über schwermütige Üppigkeit aus. Dazu gehört *Sedum atropurpureum,* dessen finsteres Purpur und Blau versucht, einen weißen Schleier zu durchdringen, der sich im Sommer in eine leuchtende Masse pinkfarbener Blüten verwandelt und die Tiefe des schwarzen *Ophiopogon planiscapus* 'Nigrescens' aufhellt. Über den zungenförmigen, graugrünen Blättern schießen die großen staubig-lavendelfarbenen Kugeln von *Allium karataviense* hervor, und um die düstere Linie zu unterbrechen, habe ich hier und da die purpurviolette Zwiebelpflanze *Brodiaea* 'Queen Fabiola' gesetzt, die im Hochsommer blüht und an eine kleine Schmucklilie erinnert. Der niedrig wachsende saphirblaue *Agapanthus* 'Midnight Blue' hingegen setzt dann zum Sommerende hin noch einen Farbakzent.

Die verschwenderischen dunklen Farben erinnern an eine prächtige Vergangenheit, an den rubinroten Brokat eines Ohrensessels, die dunklen Grün- und Blautöne an kostbare alte Gobelins. Es sind nicht die leuchtenden, klaren Töne eines Modigliani oder eines von Terence Conran eingerichteten Raumes, sondern Farben einer alten Landschaft. Mir kommt es so vor, als gehörten sie zur Geschichte eines Hauses aus der Zeit von West Green.

Iris zählen zu den pflegeleichtesten Pflanzen überhaupt. Sie gedeihen in einem kühlen Garten genauso gut wie am Rand eines sonnenverbrannten Pfades in der Provence. Die erlesensten Iris, die ich je gesehen habe, standen in Junee, im australischen Outback! Nachdem die leuchtenden Tulpen erloschen sind und bevor die Sommerrabatte ihren großen Auftritt hat, gibt es in der Staudenrabatte sehr wenig Pflanzen auf Augenhöhe – eine Lücke, die sich ideal mit Iris schließen lässt.

Die Kombination aus dunkelfarbenen Iris und tiefroten Päonien sorgt mehrere Wochen lang für ein üppiges Farbschauspiel. Zugleich schaffen ihre kontrastierenden Formen ein angenehmes Gleichgewicht zwischen Leichtigkeit und Stabilität.

RECHTS: Schier nicht zu bändigen ist diese Clematis, die sich an einem Dreifuß emporrankt.

Satte, schwere Farben

Ich war der Ansicht, mein dunkles Beet könnte im Sommer ein paar leuchtendere Rottöne vertragen, und so habe ich gruppenweise die Lupine 'My Castle' gepflanzt, deren dezentes Ziegelrot das eintönige Grau unterbricht. Diese Farbe setzt sich am Ende des Sommers dann in dem dunklen Rostrot von *Sedum* 'Herbstfreude' fort. Diese Fetthenne ist eine ausgesprochen dankbare Pflanze, deren fleischige Blätter selbst an den trockensten Tagen in dekorativen runden Büscheln in die Höhe ragen. Während der letzten Sommertage wachsen sie und entfalten ihre leuchtenden Blüten, die sich später, wenn die Tage kürzer werden, in dunkle Köpfchen verwandeln.

Auf Kennerton Green würde ich niemals solch satte Farben en masse nebeneinander setzen. In der Zeit, wenn viele der dunkelroten und purpurfarbenen Stauden zu blühen beginnen, steigt das Thermometer dort auf fast 30 °C, und die Pflanzen würden dann müde aussehen, so als wollten sie sich am liebsten ihrer schweren Samtrobe entledigen. Ein Garten wie Kennerton Green begegnet der Hitze mit Tiefgrün und frischem Weiß – beides Farben, die im dunklen Schatten unter dem blassen Himmel kühlerer Gegenden sehr schnell grell wirken können.

Trotz ihrer Größe und Struktur fühlen sich Lupinen auch in kleinen Gärten wohl – und können diese ebenso aufwerten, wie es eigentlich zu üppige Möbel manchmal in einem kleinen Raum tun. Reicht Ihr Platz nur für ein oder zwei Gruppen, versuchen Sie es mit der dunkel purpur-magentaroten *Lupinus* 'Thundercloud'. Pflanzen suchen sich einen Gärtner genauso aus wie der Gärtner sie, und da Lupinen nicht überall gedeihen, sollten Sie sie notfalls ausgraben und durch andere ersetzen.

»Alles mutet wie eine spätsommerliche Konferenz im Vatikan an, besonders wenn sich die dunkelpurpurnen Blüten von *Penstemon* 'Burgundy' sanft herabneigen, so als hielten sie während einer langen Predigt an einem heißen Nachmittag ein Nickerchen.«

Unverzichtbare Sommerblumen

Im letzten Hochsommer besichtigten Gartenbaustudenten meinen Garten und äußerten sich abfällig darüber, dass ich mit Sommerblumen arbeite, die ich jedoch für unentbehrlich halte, um in der Zwischensaison Lücken zu schließen. Der riesige kahle Fleck, der zurückbleibt, wenn ich Ende Juni den prachtvollen *Papaver orientale* 'Patty's Plum' entferne, wird vom Glanz von *Salpiglossis* 'Chocolate Box' wunderbar verdeckt, einer Mischung aus Purpur, Dunkelrot und Braun. Die violette Bartnelke 'Nigrescens' – ganz eindeutig ein Geschöpf der Unterwelt – muss bis spätestens Hochsommer zurückgeschnitten werden. Deshalb ist es von Vorteil, wenn man in der Nähe das dunkelblättrige rubinrote Löwenmäulchen 'Black Prince' unterbringt, denn es blüht bis in den Herbst hinein, vorausgesetzt, man sät es spät genug aus. Andere kahle Stellen tarne ich mit dem schokoladefarbenen Schmuckkörbchen *Cosmos atrosanguineus*, und neben dem Rasen setze ich noch großzügig das schwarze Veilchen 'Midnight Runner'.

In manchen Jahren webe ich eine magentapurpurfarbene *Cleome* in der Mitte des Beetes ein, deren hohe Triebe mit den »Spinnenblüten« oft bis zu 1,75 m erreichen. Damit kommt etwas willkommene Abwechslung in die Rosenbüsche, die nach der Blütezeit ermattet sind. Immer wieder fragen mich Leute nach dem Namen dieser Pflanze und winken dann ab, wenn ich sage, dass es sich um eine einjährige Sommerblume handelt.

Ich verstehe beim besten Willen nicht, warum Sommerblumen derzeit so abgelehnt werden. Natürlich sind einige ausladend und hell, aber es wäre schade, diese ganze Gruppe zu verdammen, denn es handelt sich um wirkliche Juwelen. Man hat mir vorgeworfen, ich verteidige Sommerblumen wie ein Prophet des Alten Testaments, aber wenn ich im Spätsommer meinen Garten mit seinen immer noch leuchtenden Blüten betrachte, spreche ich ein leises Dankgebet für diese wunderschönen Pflanzen. Vielleicht kommen sie ja eines Tages wieder in Mode, so wie die inzwischen salonfähigen Dahlien.

Mit Sommerblumen können Sie sehr flexibel gestalten. Lücken im Frühjahr und Spätsommer lassen sich mit ihnen perfekt schließen, und auch vom Klima zeigen sie sich unbeeindruckt. Besonders in kleineren Gärten kann man sie einsetzen, und zwar in Gruppen zwischen früher blühenden Stauden. Das sorgt für mehr Farbe, wenn die Stauden wachsen und vergehen. In Beeten mit Rosen und Sträuchern in den Juwelenfarben setze ich dieses Farbthema bis in den Spätsommer hinein fort, wo ich hohe magentarote Kosmeen und Spinnenblumen quer durchs Beet laufen lasse und dicht um sie herum *Salpiglossis* 'Chocolate Box' pflanze, die für köstliche dunkle Farbnuancen sorgen.

Haben Sie auch keine Angst vor Dahlien! Sie bringen den Garten im Spätsommer wunderbar zum Leuchten, vor allem vor dem Hintergrund bronzefarbener Blätter, und sie blühen bis zum ersten Frost.

»Man hat mir vorgeworfen, ich verteidige die Sommerblumen wie ein Prophet des Alten Testaments ...«

Kennerton Green: An den Bäumen rings um die alte Papageienvoliere sprießen gerade die ersten Blätter.

Meine Favoriten in dunklen Juwelenfarben

Allium sphaerocephalon
Auch Kugellauch genannt, erscheinen seine dichten, flauschig tiefroten Köpfe im Spätsommer auf dünnen, drahtigen 60–90 cm langen Stielen. Diese pflegeleichten Pflanzen gedeihen anscheinend in jedem Boden und machen sich sehr gut zwischen niedrig wachsenden, kompakteren Pflanzen, über die sie hinausragen. Anfang Herbst sorgen sie mit ihren Farben für einen Aufsehen erregenden Blickfang.

***Campanula glomerata* 'Superba'**
Die weit geöffneten Glocken dieser aufrecht stehenden 60 cm hohen Stauden leuchten den ganzen Sommer lang in dunklem Violett-Purpur und setzten so lebhafte Farbakzente in der Mitte einer Rabatte. Diese Büschelglockenblume gedeiht an sonnigen wie auch schattigen Standorten sehr gut, verträgt aber keine Staunässe. Angeblich wuchert sie, doch kann ich das nicht bestätigen. Wenn Sie die Triebe nach der ersten Blüte zurückschneiden, werden Sie mit einem zweiten Farbschauspiel belohnt.

***Dahlia* 'Arabian Knight'**
Dahlien wurden jahrelang verkannt, lohnen aber mehr als einen Blick, weil sie einer spätsommerlichen Rabatte den entscheidenden Farbklecks verleihen. Der Gärtner Nori Pope zeigte mir das wunderschöne grüne Laub und die leuchtend roten Blüten von 'Arabian Knight', die vom Hochsommer ab bis zu den ersten Frösten blüht und 150–200 cm hoch wird. Setzen Sie diese Sorte gruppenweise als lebhaften Farbakzent in nährstoffreichen, gut drainierten Boden. Alle Dahlienknollen sind frostempfindlich und sollten daher im Herbst herausgenommen und erst nach den letzten Frühjahrsfrösten wieder eingesetzt werden. Sie können sie natürlich auch wie Einjährige behandeln und jedes Jahr neue Knollen kaufen.

***Delphinium* 'Black Knight'**
Wenn der Platz nur für eine Gruppe juwelenfarbiger, hoch wachsender Pflanzen reicht, sollten Sie diesen würdevollen, bis 2 m hohen Rittersporn wählen, der im Frühsommer dunkelpurpurne Blüten mit schwarzpurpurnen Augen hervorbringt. Rittersporn, eine der höchsten Pflanzen in der Staudenrabatte, braucht eine Stütze und liebt nährstoffreichen, aber gut drainierten Boden. Schneiden Sie ihn gleich nach der Blüte scharf zurück, damit er später im Jahr noch einmal blüht.

***Dianthus barbatus* 'Nigrescens'**
Diese glänzenden schwärzlich-roten Bartnelken schimmern im Frühsommer aus den Tiefen einer Rabatte hervor. Ihre Blätter zeigen sich so dunkel wie die Blüte, und ihr intensiver Duft ist süß und berauschend. Setzen Sie sie in nährstoffreiches, gut drainierten Boden in praller Sonne, und werfen Sie die Pflanzen unbarmherzig weg, sobald sie anfangen zu wuchern. Obwohl Bartnelken selten länger als drei oder vier Sommer halten und nur relativ kurz blühen, haben sie einen Platz in jedem Garten verdient.

***Lupinus* 'Thundercloud'**
Die schwermütig wirkenden, etwa 1 m hohen Ähren der Staudenlupinen bereichern jeden Garten, ob groß oder klein, aber sie mögen keine Feuchtigkeit. Im feuchten englischen Sommerklima sind sie für Kriebelmücken und Nacktschnecken anfällig. In gut drainierten Böden und wärmeren Gegenden setzt die Lupinenblüte im Frühjahr ein und dauert bis zum Spätsommer an; in kühleren Gegenden dürfen Sie sogar mit einem zweiten Flor rechnen, wenn Sie die Ähre nach der ersten Sommerblüte zurückschneiden. 'Thundercloud' besticht durch seine phantastische dunkelpurpur-magentarote Farbe.

***Rosa* 'Cardinal de Richelieu'**
Rosen sollten in keinem Garten fehlen. Die sinnlichen purpurroten Blüten dieser sommerblühender Essigrose verblassen zu einem staubigen Purpur, das sich hervorragend in jede edelsteinfarbige Bepflanzung einfügt. Kompakt wachsende Büsche erreichen etwa 1,2 m Höhe. Mit reichlich Nährstoffen und Mulch versorgt, laufen alle Rosen zur Höchstform auf.

***Rosa* 'Charles de Mills'**
Ich ziehe diese aufrecht wachsende Gallica-Rose gern über einen Dreifuß oder an einer Mauer, damit ihre verschwenderische Pracht – duftende, stark gefüllte, karmesin-magentarote Blüten und mittelgrüne Blätter – optimal zur Geltung kommt. Sie erreicht spielend eine Höhe von 1,5–2 m und verschwindet im Frühsommer unter unzähligen Blüten.

***Rosa* 'Guinée'**
Diese kletternde Teehybride hat sehr dunkle, karmesinrote Blüten und wirkt bei bestimmten Lichtverhältnissen nahezu schwarz. Die leicht flachgedrückten Blüten, die sich im Sommer verschwenderisch öffnen, verströmen einen süßlichen Duft und bezaubern mit dem Charme vergangener Tage.

***Salvia nemorosa* 'Ostfriesland'**
Setzen Sie diesen dunkel-amethystfarbigen Salbei gruppenweise – mindestens sieben bis elf Pflanzen – in die Mitte einer sonnigen Rabatte. Er wird ungefähr 30 cm hoch und sieht vom Hochsommer bis in den Herbst hinein wie eine leuchtende Farbwoge aus. Neben Lavendel (*Lavandula angustifolia* 'Hidcote') gesetzt, kommt das zwischen den magentaroten Farbtönen verborgene Tiefblau noch besser zur Geltung.

2 | Blau und Mauve

Mit keiner anderen Farbe assoziieren wir so viele verschiedene Vorstellungen wie mit Blau, denn es weckt in uns das gesamte Spektrum der Gefühle. Für Australier ist Blau die Farbe der Hügel und Horizonte, da unser ganzes Land vom Blaugrau der Eukalyptusbäume bestimmt wird. Bei Blau denken wir an Schönheit, Wasser, Schatten, Erholung und Ruhe. In Sydney gibt es sogar einen blauen Monat – den November. Dann tritt, vom Hafen aus gesehen, der blaue Dunst, der immer über dem Buschland hängt, gegenüber dem intensiven Blau des Palisanderbaums *Jacaranda mimosifolia* in den Hintergrund. Ganze Vorstädte »versinken« förmlich in einem Meer aus winzigen Blüten, die sich wie ein Teppich über Häuser und Straßen legen. Kaskaden der blauen Bleiwurz *Plumbago auriculata* und der tiefrot-purpurnen *Bougainvillea glabra* überwuchern Mauern und Wände, während Schmucklilien wie *Agapanthus africanus* an Verkehrsinseln, Straßenrändern, Wegen und Auffahrten die Stellung halten. November ist der Monat vor dem großen Hitzeeinbruch, und der Himmel ist blau, blau und nochmals blau – eine blaue Welt.

Der Gartenbauer Dr. Peter Valder beschrieb einmal einen amerikanischen Garten des 19. Jahrhunderts, der nur in Blau bepflanzt war. Es gab dort nicht nur blaue Bäume, Sträucher und Blumen, auch die Besitzerin trug ausschließlich blaue Kleider. Womöglich stammte diese Dame aus einer heißen Gegend, in der Blau beliebter ist als in nördlicheren Klimazonen, wo es als kalte, harte Farbe gilt. Für mich ist Blau ein freundlicher Farbton, der warme nostalgische Bilder aus meiner Kindheit aufsteigen lässt. Blau ist niemals statisch – sehen Sie sich doch einmal hohen Eisenhut, Rittersporn oder Glockenblumen an, die die Highlights einer blauen Rabatte bilden – immer hat man den Eindruck von Bewegung, genau so, wie sich das Licht am Himmel oder am Meer fortwährend verändert. Und die »Bluebells« am Waldboden wirken wie ein zarter Schleier, wenn man in die Ferne blickt.

Blaue Rabatten in kühlen Gegenden

Die Farbe Blau reicht von grau-grünem Blau bis hin zu einem Blau mit einigen roten Pigmenten, so dass Purpur oder Mauve entsteht. Genau diese gefühlsbetonten Farbnuancen wollte ich für die sonnigeren Beete in meiner Rabatte auf West Green verwenden. Blau ist eine ungemein atmosphärische, schöne und geheimnisvolle Farbe. Sie spiegelt die gestalterischen Elemente dieses Gartens wider. Es gibt unzählige blaue Blumen: Ich hatte eine blaue Rabatte geplant, dann wurden zwei und schließlich drei daraus, da ich einfach nicht widerstehen konnte, noch eine hübsche blaue Distel, noch einen Enzian, ja sogar noch einen leuchtend blauen Kohl zu kaufen!

Blautöne gibt es für jede Gartenlage und -größe. Wenn Sie etwas mehr Spannung in ein kleines sonniges Eckchen bringen wollen, versuchen Sie es doch mit einer Kombination aus der Wachsblume *Cerinthe major* 'Purpurascens' und Blaukohl. Formen und Farben dieser Pflanzen bilden einen guten Kontrast, denn die feste runde Form des Kohls bildet ein Gegengewicht zu den niedrigen Trieben der Wachsblume.

Wachsblumen *(Cerinthe)* brauchen Begleitpflanzen in nur einer dichten Farbe. Setzen Sie sie probeweise hinter eine Gruppe von *Lavandula angustifolia* 'Hidcote', und lassen Sie sich überraschen, wie wirkungsvoll das intensive Violett der Lavendelblüte das mauvefarbene Glitzern der Wachsblume unterstreicht.

RECHTS: Jedes Frühjahr erinnere ich mich an den heißen Herbst des Jahres 1992, als wir das Erdreich aufhacken und jede Zwiebel der Bluebells *(Hyacinthoides non-seripta)* mit der Hand pflanzen mussten.

VORHERGEHENDE DOPPELSEITE: Die faszinierenden Farbtöne der *Iris sibirica* 'Tropic Night'.

»Bluebells auf
einem Waldboden
wirken wie ein
zarter Schleier,
wenn man in die
Ferne blickt.«

Klare Blautöne für den Frühling

Das Frühjahr gehört dem Kaukasusvergissmeinnicht *Brunnera macrophylla* 'Dawson's White' mit ihren creme gesprenkelten Blättern und vergissmeinnichtblauen Blüten. Das Blau leuchtet unter cremefarbenen Frühlühern hervor – der elfenbeinweißen, gelb geflammten Tulpe 'Francoise', der päonienähnlichen 'Mount Tacoma' und 'Maureen', die sich von Cremeweiß nach Weiß verfärbt. Die Tulpen überragen auch kompakte Polster von *Pulmonaria* 'Roy Davidson' mit ihren Glockenbüscheln, die die Farbe eines wässrig blauen Himmels reflektieren. Der Lerchensporn *Corydalis flexuosa* gedeiht in fast allen Klimazonen hervorragend an trockenen Kieswegen. Mit seinen intensiv blauen Blüten und den spitzenartigen blaugrünen Blättern ist er ein Muss für jede Frühjahrsrabatte. Ab Hochsommer übernimmt dann die staudige *Clematis × durandii* diese Rolle; trotz ihrer Ausläufer ist sie eine »ordentliche« Pflanze, denn ihre tief indigoblauen Blütenwolken verdecken einziehende Zwiebelblumen oder bilden eine Decke, durch die die leuchtend blauen Blütenstände von *Allium caeruleum* nach oben streben.

Andere früh blühende blaue Blumen sind meistens sehr blass, etwa *Veronica gentianoides*, deren Ähren aus winzigen blauen Blüten über den kleinen grünen Blättern aufragen, und *Campanula persicifolia* 'Chettle Charm', die eine weiße, zartblau überhauchte Einzelblüte hervorbringt. Akeleien samen sich überall aus; *Aquilegia* 'Blue Bonnet' und die gefüllte blassblaue *A. vulgaris* 'Blue Star' sorgen für die nötige Helligkeit. Kleine Gruppen der khakigrünen Zwergiris 'Triplicate' wirken zwischen den Blautönen ganz raffiniert – ich bin immer auf der Suche nach ausgefallenen Farben.

GEGENÜBER: Der Zierkohl 'Red Drumhead' besticht durch seine Form, seine Textur und die wunderbare Farbe.

RECHTS: *Malva sylvestris* 'Primley Blue'.

Akeleien dürfen in keinem Frühlingsgarten fehlen. Ihre zarten, irisierenden Köpfchen flattern wie ein Schwarm Schmetterlinge über dem sprießenden Laub ihrer Nachbarn. Auch ihre Vielfalt ist berauschend: Versuchen Sie es doch mit *Aquilegia-alpina*-Züchtungen, mit der blau-weißen *A. caerulea* oder der wunderschönen dunklen *A. vulgaris* 'Blackbird'. Die leuchtendsten blau-weißen Blüten treibt jedoch *Aquilegia flabellata* 'Ministar'. Wie alle Akeleien hat auch sie am Grund wunderschöne runde eingekerbte Blätter, die für sich genommen schon schön sind.

Kräftiges Sommerblau

Meiner Meinung nach darf die Bartiris unbedingt eine Rabatte bis in den Frühsommer hinein dominieren, denn man kann zwischen vielen guten Blautönen wählen. Ich habe die eisblau-weiße 'Zua', die silberblaue 'Divine Duchess', die gerüschte hellblau-weiße 'Fair Dinkum' und die riesige 'Sierra Grande', einen absoluten Favoriten, gepflanzt. Des weiteren stehen in der Rabatte *Iris sibirica* – groß, graziös und schlank, mit Blättern, die die ganze Saison über gut wirken, da sie unaufdringliche vertikale Akzente setzen, sobald ihre blauen Blüten verblasst sind. Daran schließen sich die leuchtende Ochsenzunge *Anchusa azurea* 'Opal' und der himmelblaue Rittersporn 'Summer Skies' an; bis zum Hochsommer stehen an diesen Stellen die blau-weißen Hüte des Eisenhuts *Aconitum × cammarum* 'Bicolor'. Die phantastische blaue *Anchusa azurea* 'Loddon Royalist' bildet einen Ausgleich zum intensiven Violettblau von *Geranium × magnificum*, der sich ungestüm in der Rabatte breit macht. Im Spätsommer muss er den Platz dann mit *Eryngium × tripartitum* teilen. Die Farbe dieser prächtigen Edeldistel verwandelt sich von Grün über Silberblau zu Purpur. Im trockensten Teil der Rabatte ergibt das purpurfarbene Blau von *Lavandula angustifolia* 'Hidcote' einen ausdrucksstarken Vordergrund für die Wachsblume *Cerinthe major* 'Purpurascens'. Ich weiß, dass diese Pflanze

jetzt sehr in Mode ist, aber bei diesen graugrünen, lavendelfarben geäderten Blättern, aus denen sich majestätisch die marineblauen Blüten erheben, kann ich einfach nicht widerstehen.

Stattlich, elegant, eindrucksvoll und zauberhaft – all diese Adjektive passen zu der 90 cm hohen Iris 'Sierra Grande' – für mich die allerschönste Iris. Ihre Domblätter sind gefrorenes blauweißes Eis, ihre Hängeblätter von hochsommerlichem Blau und ihre gekräuselten Blütenblätter, unter denen ein blasseres Blau hervorspitzt, sind so ausgefallen wie das Kleid einer Tänzerin. In Gruppen gepflanzt, kann diese Iris mit den zwei Blautönen in jedem Garten sehr schön architektonische Schwerpunkte setzen.

Ich bin ständig auf der Suche nach weiteren »blauen« Rosen. Der wuchskräftige Rambler 'Veilchenblau' wird oft »die blaue Rose« genannt. In Wirklichkeit ist sie gar nicht blau, doch ihre kleinen, purpurvioletten, oft weiß gestreiften Blütenbüschel erwecken diesen Eindruck. Die winzigen mauve-purpurfarbenen Knospen des Multiflora-Ramblers 'Russeliana' ranken sich mit einer kleinblütigen *Clematis* 'Mrs. Cranshaw' wunderschön über einen Dreifuß. Ich habe die rosa-mauvefarbene öfterblühende Rose 'Reine des Violettes' mit dem dunkelblättrigen *Penstemon digitalis* 'Husker's Red' kombiniert, dessen perlmuttfarbene Blüten sich gut als Hintergrund in einem blauen Beet machen.
Nicht ganz sicher bin ich mir bei zwei modernen Rosen, der großen purpurnen 'Charles de Gaulle' und der fliederfarbenen 'Dream Lover'. Ich finde die Blüten etwas zu groß und von der Form her zu modern, aber darüber sehe ich den Farben zuliebe gerne hinweg.

In sanfterem nördlichem Licht ergeben Blau und Weiß mitunter einen zu starken Kontrast. Eine blaue Rabatte, die bis zum Hochsommer mit der Atmosphäre verschmolzen ist, hellt man daher am besten auf, indem man in alle Ritzen und Spalten büschelweise das bekannte Männertreu (*Lobelia erinus* 'Cambridge Blue') setzt. Sein sehr helles, eher blasses Blau scheint die schwermütigen Blautöne besser hervorzuheben als Weiß, das einen zu starken Kontrast bildet. Doch bei hellem Sonnenlicht können wir wählen, ob wir Weiß oder dezentere Farben mit Blau zusammen verwenden wollen. Auch Cremegelb hellt eine blaue Rabatte bei kühleren Lichtverhältnissen auf. Pflanzen Sie deshalb kleine Gruppen der gelbäugigen Kapaster *Felicia amelloides* zwischen die reineren Blautöne.

Die Weinraute *Ruta graveolens* 'Jackman's Blue' besitzt gefiederte graugrüne Blätter. Wenn Sie die Pflanze im Frühsommer zurückschneiden, können Sie ihre kompakte Kissenform erhalten, über der sich dann eine Fülle von Sommerblumen und die kahlen Stängel der Königslilie *Lilium regale* 'Royal Gold' oder die Englische Rose 'Graham Thomas' als Hochstamm erheben können. Dies ergibt in einem warmen trockenen Garten einen vollendeten Kontrast.

»*Cerinthe*... unwiderstehlich mit ihren graugrünen, lavendelfarben geäderten Blättern, aus denen sich die marineblauen Blüten erheben...«

RECHTS: Zu Recht so beliebt: Die Wachsblume *Cerinthe major* 'Purpurascens'.

VORHERGEHENDE DOPPELSEITE: Vor der Kulisse des Gemüsegartens von West Green House ragen die Blütenstände der Kugeldistel *Echinops ritro* 'Veitch's Blue' wie Trommelschlägel aus der blauen Rabatte.

»... liegen himmelblaue Beete neben rein hellgelben, die das Auge von einer Farbe zur nächsten leiten.«

UNTEN: Blau in allen Schattierungen prägt die blau-gelbe Rabatte auf Kennerton Green.

GEGENÜBER: *Echinops ritro* 'Veitch's Blue' – wie geometrisch geformte Bälle voller nadeliger Büten.

Blau in wärmeren Gegenden

In meinem Garten in Australien setze ich Blautöne ganz unterschiedlich ein, doch meis tens blockweise, um andere Farben mitei nander zu verbinden. Auf Kennerton Greer liegen himmelblaue Beete neben rein hell gelben, die das Auge von einer Farbe zu nächsten leiten. Diese Farben behalten selbs an den heißesten Tagen ihre klare Leuchtkraft In kühleren Gegenden muss man strahlendes Gelb jedoch dämpfen, wozu sich Marineblau anbietet. Ich liebe es, wenn sich blaue hoch wüchsige Pflanzen durch grünes Laub nach oben drängen. Deshalb setze ich gern die Marienglockenblume *(Campanula medium* zwischen meine Dauerfavoriten. Ich habe sie mit Büscheln der blauvioletten *Campanula persicifolia* und den stahlblauen Stachelku geln der pudrigblauen Kugeldistel *Echinops ritro* 'Veitch's Blue' kombiniert und davo *Centaurea montana,* eine sehr winterharte Flockenblume, gesetzt.

Kugeldisteln brauchen viel Platz und wür den einen kleinen Garten erdrücken. Wenn Sie sich jedoch in die bildschönen Blüter verliebt haben, dann versuchen Sie es al ternativ mit Edeldisteln. *Eryngium* 'Miss Wilmott's Ghost' erreicht etwa 1 m Höhe breitet sich aber nicht mehr als 30 cm aus und trägt silberblaue Blüten. Oder Sie wählen *Eryngium* × *tripartitum,* die sich von Grün zu Silber und Purpurblau ver ändert.

Die Blauraute *Perovskia* 'Blue Spire' mit ihrer hohen lavendelblauen Ähren eignet sich gu für trockene Stellen, und der Eisenhut *Aco nitum napellus* liebt Schatten. Zur Überleitung auf eine in Bläulich-Mauve gehaltene Fläche wo in einer kühlen Ecke mein geliebter *Rho dodendron* 'Blue Diamond' seinen Platz ge funden hat, verwende ich *Allium giganteum* mit seinen hohen Stängeln und riesigen pur purnen Kugeln. Das Blaue Gänseblümchen *Brachycome iberidifolia* gesellt sich zur ein

jährigen *Viola* 'Moody Blue', und der purpurne Schöterich *Erysimum* 'Bowles Mauve' blüht von Winterende bis zum Hochsommer. Der bekannte Fingerhut *Digitalis purpurea* taucht das Ende meiner blauen Rabatte in mauvefarbenen Dunst, der sich mit *Iris* 'China Blue' zurück zu Blau verwandelt. Gleich daneben erstreckt sich der kleine blau blühende Halbstrauch *Lithospermum diffusum,* der selbst unter sehr trockenen Bedingungen gedeiht.

Dieses blaue Beet färbt sich zunächst gelb, dann wieder blau, wenn sich nämlich zwischen der Elfenblume *Epimedium* mit ihren zartgelben Blüten eine Reihe von fünf großen Säckelblumen *Ceanothus* 'Blue Pacific' erhebt. Ihre riesigen intensiv blauen Kugeln passen perfekt zu dem blauen Hintergrund aus Holland-Iris. Rings um die Säckelblumen stehen kugelig gestutzte *Lavandula angustifolia* oder *L.* × *allardii,* die »Dauerbrenner« in australischen Gärten, und blaue Blumen setzen das Farbschema bis in den Hochsommer hinein fort. Auch auf den folgenden hundert Metern dominieren fleckenweise gesetzte Gelb- und Blautöne, die dann an einer Weiß gehaltene Böschung grenzen, die das Auge auf das nächste Thema einstimmt.

Auf die schönen Säckelblumen dürfen Sie keinesfalls verzichten. Allerdings können diese Pflanzen plötzlich grundlos absterben und dann riesige Lücken hinterlassen. *Ceanothus* 'Gloire de Versailles', deren unzählige puderblaue Blüten im Frühsommer gut zum kühlen Blau des Himmels passen, fühlt sich wohl, wenn sie genügend Platz hat und mit blassen Blau- und Cremetönen unterpflanzt wird. Alternativ bietet sich die kräftige purpurblaue *Ceanothus* 'Concha' an, die im Spätfrühjahr ihre Farbenpracht entfaltet. Auch Lavendel ist unwiderstehlich, aber er geht in zu nahrhaftem und zu feuchtem Boden meist ein.

Meine blauen Favoriten

***Aconitum* 'Spark's Variety'**
Die mit den bekannt schönen Blütenhüten besetzten Triebe werden bis zu 1,2 m hoch. Diese Eisenhutsorte vereint alle dunkelblauen Schattierungen, die an die Abgeschiedenheit eines Klosters denken lassen. Geheimnisvoll wirken auch die verborgenen Innenseiten. Diese Pflanzen gibt es in Weiß und in Blautönen. Sie gedeihen im Halbschatten oder in praller Sonne in nährstoffreichem Boden.

***Anchusa azurea* 'Loddon Royalist'**
In England muss ich diese blaue Staude wie eine Sommerblume behandeln. Sie hat unglaublich leuchtende, blaue Blüten, die an 1,2 m hohen, behaarten Stängeln wachsen. Die Ochsenzunge blüht von Mitte Frühjahr bis Sommer.

***Campanula persicifolia* 'Chettle Charm'**
Sie besitzt elegante, aber kräftige, bis 1 m hohe Triebe. Ihre glockenförmigen Blüten sind leicht blau überhaucht. Diese Staude liebt pralle Sonne und einen guten Boden. Am besten wirkt die Pfirsichblättrige Glockenblume in Gruppen von fünf bis sieben Exemplaren.

***Cerinthe major* 'Purpurascens'**
Ich kann mich nie zwischen Wachsblumen und Zierlauch entscheiden. *Cerinthe* mit ihren flaumigen, graugrünen Blättern und marineblauen Blüten ist für jedes Beet im Sommer ein Gewinn. Diese buschige Pflanze wird etwa 60 cm hoch und kommt am besten in großzügigen Gruppen in der Mitte der Rabatte zur Geltung. Sie gedeiht in praller Sonne, verträgt aber auch Halbschatten. Behandeln Sie sie in vorwiegend kühleren, gemäßigteren Zonen wie eine Sommerblume. In wärmeren Gegenden wird sie trotz eines Rückschnitts wieder austreiben.

***Ceanothus* 'Blue Pacific'**
Diese stattliche, breitwüchsige Staude wird bis zu 2 m hoch. Im Frühjahr ist sie von zahllosen kompakten, intensiv leuchtendblauen Blüten überzogen. Sie braucht gut drainierten Boden und einen offenen Standort und lässt sich an Mauern hochziehen. Leider sind Säckelblumen kurzlebig, aber nachgepflanzte Exemplare wachsen gut an.

***Clematis* 'Perle d'Azur'**
Diese wunderschöne Kletterpflanze wird bis zu 5 m hoch und bringt im Hochsommer unzählige blassblaue matt schimmernde Blüten hervor. *Clematis* mögen es nicht, wenn ihre Wurzeln gestört werden. In wärmeren Gegenden legt man deshalb unterirdisch einen Steinbrocken auf die Wurzeln und hält sie auf die Weise kühl. Besonders schön finde ich diese *Clematis* in Verbindung mit der Rose 'Veilchenblau'.

***Delphinium* 'Pacific Giant'**
Die majestätischen blauen Pacific-Rittersporne mit ihren bis zu 2 m hohen Blütenähren gibt es in allen Blauschattierungen von fast weißem Mauve bis Blauschwarz. Schnecken tun sich an den Schösslingen gütlich, aber sie sind die unbestrittenen Stars jeder Sommerrabatte. Wenn Sie sich Kummer ersparen wollen, binden Sie den Rittersporn in einer Rabatte gut an, denn seine empfindlichen Triebe knicken bei Wind und Regen leicht um.

Jacaranda mimosifolia
Zwar eignet sich die zarte Jacaranda nicht für mitteleuropäische Gärten – dort ist er eine beliebte Kübelpflanze –, aber einem subtropischen oder frostfreien Mittelmeergarten verleiht dieser hohe Baum einen besonderen Reiz. Er hat farnartiges, mittelgrünes Laub und schmückt sich im Sommer drei Wochen lang mit vielen großen Büscheln violettblauer Fingerhutblüten. Ein wenig Frost verträgt er durchaus, muss aber als Jungpflanze in frostgefährdeten Gegenden abgedeckt werden.

***Rosa* 'Veilchenblau'**
Diese Ramblerrose erfreut uns mit Büscheln winziger bläulich-fliederfarbener, halbgefüllter, duftender Blüten mit weißem Auge. Ihre kräftigen Triebe werden bis zu 5 m hoch. Manche Leute behaupten, sie verblassen in der Sonne, aber ich konnte das nicht feststellen.

Syringa vulgaris
Eines Sonntagmorgens sah ich in Dänemark einen Pfarrer in schwarzem Talar auf den Stufen einer weißen Kirche, die inmitten einer blühenden Fliederhecke stand. Dieses Bild ist mir in Erinnerung geblieben. Flieder ist ein breitwüchsiger Strauch, der bis zu 5 m hoch wird. Es gibt ihn in Rosa, Purpur, Lavendelblau, Creme und Weiß. Er blüht ab Mitte Frühling und verströmt dann seinen berauschenden Duft.

GEGENÜBER: Der Rittersporn 'Black Night'.

»Mauve ... glüht an trüben Tagen, wirkt silbrig unter Regentropfen und besitzt eine Leuchtkraft, die ich auf der südlichen Halbkugel niemals gesehen habe.«

Schwermütiges Mauve

In kühlen gemäßigten Regionen wie Nordamerika und Nordeuropa scheint Mauve zu glänzen. Es glüht an trüben Tagen regelrecht, wirkt silbrig unter Regentropfen und besitzt eine Leuchtkraft, die ich auf der südlichen Halbkugel niemals gesehen habe. An heißen Nachmittagen unter strahlendem Himmel muss man Mauve deshalb mit stärkeren Farbtönen unterstützen. Anders als Lavendel scheint es bei intensiver Sonneneinstrahlung auszubleichen, aber vor einem blauen Hintergrund wirkt es kühl und kann sich durchaus selbst behaupten.

Auch staubiges Mauve leuchtet intensiver vor einem stahlgrauen oder glänzendschwarzen Hintergrund. Die dunkelroten Blätter von *Geranium traversii* var. *elegans* 'Crug Strain' bilden hübsche, sich ausbreitende Polster. Seine kleinen weißen, rosa gefleckten Blüten leuchten in denselben Mauveschattierungen wie ihre Nachbarn, und die dekorativen Blätter runden das Gesamtbild ab.

Gelb und Mauve sind sehr in Mode, aber mir gefällt diese Farbkombination nur dann, wenn sie von vielen Blautönen aufgelockert wird. Die Farbkontraste stellen zwar ein Überraschungsmoment dar, doch ich finde sie eher beunruhigend – aber das ist ja gerade das Schöne am Gärtnern. Ich habe mir einen Spruch zum Motto gemacht, der seit 1720 über der Tür von West Green House steht und lautet: »Tu, was dir gefällt.« Da ich weiß, was über den Charakter von General Hawley gesagt wurde, bezieht sich dieser Spruch vermutlich auf ziemlich dubiose Aktivitäten, aber für mich bedeutet er »Grünes Licht für eifrige Gärtner«.

West Green House: Wie kleine Perlen liegen die Regentropfen auf den Blüten der *Iris germanica* 'Gallant Rouge' und der gefüllten Akelei und lassen die Mauve- und Blautöne noch stärker hervortreten.

Mauvefarbene Rabatten auf West Green

Kurz nach meiner Ankunft in England verliebte ich mich in eine prächtige Blume, den Türkenmohn *Papaver orientale* 'Patty's Plum', einen Traum aus Krepppapierblüten in dunklen, schwermütigen Mauvetönen und einem Purpur, so düster wie dunkelstes Pflaumenblau. Ich hatte das Gefühl, dass diese riesenhafte Blume den Blick von den Farben vergangener Zeiten zur subtileren Welt der eleganten Mauvetöne meiner Rabatten lenken würde. Dieser Türkenmohn ist extravagant genug, um die aufhellende Wirkung der Pflanzen in Purpur-Mauve- bis Rosa-Mauvetönen verbinden zu können. Die Farbe von 'Patty's Plum' stammt aus dem letzten Jahrhundert und passt einfach gut in den alten Garten.

***Papaver orientale* sorgt im Spätfrühling mit seinen Farbtönen von Rot bis Rosamauve für ein sensationelles Farbschauspiel. Setzen Sie den Türkenmohn in den hinteren Teil der Rabatte, niemals nach vorn, denn er ist ein Frühblüher und hinterlässt, wenn man ihn im Hochsommer abschneidet, eine Lücke, die geschlossen werden muss. Sie können auch Sommerblumen nehmen, aber ich pflanze vor den mehrjährigen Mohn lieber Gruppen hoher Glockenblumen, die ebenfalls ins Auge fallen.**

Mit dem mauvefarbenen Beet beginne ich dann, wenn sich mein geliebter Mohn jedes Frühjahr zwischen den kleinen nickenden Köpfchen von *Aquilegia vulgaris* 'Blackbird' entfaltet. Die Akelei zieht sich geradewegs durch das Beet, vorbei an lavendelfarbenen Tulpen, an der Papageientulpe 'Blue Parrot' mit ihren zerknitterten Blütenblättern, der päonienblütigen *Tulpe* 'Lilac Reflection' und den mauve-pinkefarbenen Rüschen der grün geäderten *Papageientulpe* 'Webber's Parrot'. Vom angrenzenden Beet mit den satten Juwelenfarben reicht der mauvefarbene Sternkugellauch *Allium cristophii* mit seinen sil-

bernen Sternen herüber und macht mit den freundlicheren Mauve-, Flieder- und Pinktönen den Tulpen sofort den Rang streitig. Weiter hinten stehen dann überwiegend Fingerhüte, angefangen beim gewöhnlichen, tief purpurnen *Digitalis purpurea* bis hin zu den eher ausgefallenen *Digitalis lanata* mit dem purpurfarben geäderten Schlund. Zu ihren Füßen wachsen *Campanula latiloba* 'Hidcote Amethyst', die dann zur Blüte kommen, wenn die hohe, fliederfarbene, gerüschte Iris 'Annabel Jane' im Frühsommer allmählich verblasst.

In einen englischen Bauerngarten gehören immer auch Fingerhüte. Diese attraktiven Pflanzen sehen sowohl in freier Natur als auch in der Stadt wunderschön aus. Seien Sie nicht enttäuscht, wenn sie immer wieder verschwinden. Sie säen sich zwar großzügig selbst aus, doch in manchen Jahren bleiben sie einfach aus.

Es gibt viele wunderschöne, sommerblühende mauvefarbene Rosen. Ich habe mich für die alte samtige Moosrose 'William Lobb' entschieden, deren lang anhaltendes, üppiges Wachstum an die edwardianische Epoche erinnert, als sattes Violett in Mode war. Zusammen mit den ebenfalls tief violettroten Ähren der Lupine 'Thundercloud' ergibt das eine prächtige Kombination. An einem Dreifuß rankt sich die moderne Kletterrose 'Ash Wednesday' empor, die tatsächlich aschgrau ist. Sie harmoniert mit den hohen, zart lavendelrosa Blütenständen des Rittersporns 'Astolat' und einer gefüllten, mauvegrauen Clematis. Kräftigere Mauvetöne haben die ausdrucksstarken Blütenstände des Zierlauchs 'Purple Sensation' und die farnartige Wiesenraute *Thalictrum delavayi* 'Hewitt's Double' mit seinen graugrünen Blättern und den flaumigen, mauvefarbenen Blütenköpfen.

Die pyramidenförmig gezogene, kletternde Multiflora-Ramblerrose 'Russeliana' mit ihren unzähligen duftenden blutrot-mauvefarbenen Blüten hebt die Wirkung jeder mauvefarbenen Rabatte. Der rosa Farbton wird von *Salvia memorosa* 'Blauhügel' wieder aufgenommen, dessen Blütenstände sich ab Hochsommer ihren Weg durch die tiefroten, mauvefarbenen und purpur-blauen Rosen bahnen.

Als ich in Japan arbeitete, fiel mir auf, dass japanische Hausbesitzer jeden Morgen ihren gesamten Garten wässern, also Pflanzen, Wege, Objekte und Zäune. Dies geschieht angeblich, um die Farbe des Bodens und der Pflanzen zu verstärken. Dieser Versuchung muss ich jedes Mal widerstehen, obwohl meine zarten englischen Mauvefarben nach einem täglichen Bad sicher stärker leuchten würden. In Australien habe ich diesen Trick mehrmals angewandt, besonders dann, wenn die Temperatur zu schnell anstieg, denn eine kurze Dusche hebt die Farbnuancen in einem ohnehin schon trockenen Garten besonders hervor.

Der Türkenmohn *Papaver orientale* 'Patty's Plum' in voller Pracht.

Mauve durch Rosa verstärken

Mauvetöne können sich wie ein verblichenes Foto in der Atmosphäre auflösen. Deshalb habe ich eine Gruppe von Weigelien *Weigela florida* 'Foliis Purpureis' gesetzt, die den Eindruck, den ich erzeugen möchte, unterstützt. Diese Ziersträucher mit ihrem tief purpur-bronzefarbenen Laub und den kleinen rosaroten Trompetenblüten sind das ideale Verbindungsglied zwischen Farbschattierungen: Sie reflektieren die Mauvetöne durch ihr Laub und bereiten auf den Übergang zu den Rosatönen vor. Zum Ausgleich habe ich in dieses Beet *Papaver orientale* 'Turkish Delight' gepflanzt. Seine entzückende Farbe und Form erinnern an einen Türken mit großem Turban, und seine Blüten bestechen durch sattes theatralisches Rosarot. Wenn ich den Türkenmohn im Hochsommer zurückschneide, nimmt die Glockenblume *Campanula* 'Elizabeth' seinen Platz ein. Sie trägt rötlich-pinkfarbene, hängende Glocken, die innen rot gesprenkelt sind.

In meinem Garten umrahmen die intensiv pinkrosa Königskerze *Verbascum* 'Pink Domino' und die Präriemalve *Sidalcea* 'Rose Queen' zwei Alte Rosen: 'Königin von Dänemark', eine leuchtend rosafarbene, wunderbar duftende Alba-Rose, und 'Bourbon Queen', die mit ihren kelchförmigen, halbgefüllten, rosafarbenen Blütenblättern die Rose aus dem Märchenbuch verkörpert. Von unten dringt der Duft des mauve-pinkfarbenen Lavendels *Lavandula angustifolia* 'Rosea', der sich in kühnem Schwung bis zum Ende des Beetes hinzieht. Jedes Fleckchen brauner Erde, das sich zeigt, wird sofort von *Allium schubertii* beschlagnahmt, dessen blass mauvefarbene Blüten an die Sputniks der 50er Jahre erinnert. Gegen Ende des Sommers werden die Mauvetöne von Pflanzen mit Rosatönen abgelöst, etwa der schwermütigen, rosafarbenen Trompetenlilie 'Pink Perfection' und der wunderschönen Türkenbundlilie *Lilium martagon,* die sich ihren Weg durch die überhängenden Rosen bahnen.

Die Präriemalve *Sidalcea* 'Rose Queen' ist zu Beginn der Saison eine wirklich schöne Pflanze, doch da sie immer höher wird und biegsame Triebe hat, die gut 1 m Länge erreichen, wird sie zum Albtraum, wenn man sie nicht unauffällig, aber entschieden hochbindet. Wenn Sie nur wenig Platz haben, versuchen Sie es mit kompakter wachsenden Züchtungen wie 'Puck', die dunkelrosa Blüten treibt und meistens nur 40 cm hoch wird.

Zierlauche *(Allium*-Arten) scheinen fast in jeder Lage gut zu gedeihen, obwohl die gesamte Pflanzenpalette noch nicht überall erhältlich ist. Mit Zierlauchen treffen Sie stets eine gute Wahl, denn diese Pflanzen blühen recht lange, sind fast die ganze Saison über ein farbiger Blickfang im Garten und harmonieren mit nahezu allen Farbkompositionen.

»... die silbernen Kugeln des Zierlauchs, die einen sanften Übergang vom angrenzenden Beet mit den satten Juwelenfarben zu den freundlicheren Mauve-, Flieder- und Pinktönen erzeugen.«

GEGENÜBER, OBEN: Nicht zu übersehen sind die mauvefarbenen sternförmigen Kugeln von *Allium christophii* (vorne).

GEGENÜBER, UNTEN: Immer wieder stößt man im Garten von West Green House auf den leuchtend purpurfarbenen Zierlauch *Allium giganteum*.

LINKS: Ein schöner »Lückenbüßer« für die englische Sommerrabatte im Juni ist *Iris germanica* 'Twice Delightful'.

Scheckiges Mauve in warmen Klimazonen

Während ich der Farbe Mauve in meinem englischen Garten eine eigene Rabatte gewidmet habe, spielt sie im heißen Australien eher eine Nebenrolle. Auf Kennerton Green taucht sie lediglich im lichten Schatten meines von Kirschbäumen gesäumten Zwiebelblumenwegs auf. Er ist das »legere« Gegenstück zu den formalen Zwiebelblumenwegen, wie man sie in Sissinghurst sieht – eine bunt zusammengewürfelte Mischung aus Pflanzen, deren Blütezeit im Frühjahr mit den mauvefarbenen, fingerhutgroßen Krokussen einsetzt und mit den mauvegrauen Funkien *Hosta* 'Hadspen Blue' endet, die im Schatten der Bäume Schutz vor der Hitze suchen.

Dahinter stand die ursprüngliche Absicht, das Auge des Betrachters durch die Kirschbaumallee hindurch zum Blickfang des Gartens am Ende des Weges zu lenken: zu dem riesigen Schirm einer *Wisteria sinensis*. Jahrelang habe ich sie über ein Gitter zu einem Schirm gezogen, in dem Tausende von Bienen summen, und wenn ihre Blütenblätter herabfallen, bilden sie einen lavendelfarbigen Teppich. Auf diesem Zwiebelblumenweg wollte ich keine »Bluebells« pflanzen, auch keine Osterglocken und Narzissen. Ich sage immer, sie sind wie Gäste – man erfreut sich eine Zeit lang an ihnen, aber es dauert ewig, bis man hinter ihnen aufgeräumt hat!

Wenn Sie unter blühenden Bäumen etwas pflanzen, denken Sie sowohl an die Farbe der Baumkronen als auch an die Farben des Blütenteppichs am Boden, den Sie gestalten wollen. Mauve, Flieder und Blau, die im Farbkreis auf Rosa folgen, sind Komplementärfarben, besitzen aber so viel Kraft, dass sie auch für sich gut wirken. Daher sind Zwiebelblumen in diesen Farbtönen ideal, wenn das Licht durch rosafarbene Baumblüten gefiltert wird.

Für meine Zwiebelpflanzung hatte ich mir eine Farbmischung vorgestellt, deren Wirkung vom darüber befindlichen rosafarbenen Blütenmeer zusätzlich verstärkt wird. Zuerst gestaltete ich aus riesigen purpurnen Duftveilchen *(Viola odorata)* einen dichten bodennahen Teppich in Lavendelblau und Weiß. Dann fügte ich die bewährten, süßlich duftenden cremeweißen Freesien, eine auffallende neue blaue Hybride und Kissenprimeln hinzu (und zwar die kleinen schüchternen, wie ich sie aus meiner Kindheit kenne) sowie die stattliche weiß-blaue *Polyanthus*-Hybride, die freilich täglich den Angriffen von Laubenvögeln ausgesetzt ist. Die glänzenden, bronzefarbenen Blätter und tiefblauen Blüten des Günsels *Ajuga reptans* 'Jungle Beauty' sieht man überall, und ich hoffe sehr, dass die früher so beliebte Schaumblüte *Tiarella cordifolia* wiederkommt, denn ihre cremeweißen fedrigen Blüten sehen im tiefen Schatten so schön aus. Pralle Sonne versengt sie allerdings.

Arabis caucasica 'Flore Peno' mit seinen winzigen gefüllten weißen Blüten und Büschel von *Ornithogalum nutans* mit streng gezeichneten grün-weißen Blättern und silberweißen Blüten bilden unter den großen rosa-weiß blühenden Baumkronen einen riesigen, durchgehenden, blassen Teppich, durch den die Farben Mauve und Lavendel spitzen. Dort stehen auch Unmengen von Tulpen in jeder Schattierung von Lavendel, Mauve und Weiß, die ich nur finden konnte. In einem geschwungenen Bogen lenken sie das Auge durch die Bäume nach oben. Dunkelpurpurne Tulpen 'Queen of Night' verleihen der mauveblauen fransigen Papageientulpe 'Blue Parrot' zusätzliche Tiefe. Die typisch-rote Tulpe 'Negrita' hat eine kräftige Purpurfarbe, die mich immer wieder erschauern lässt. Ich habe sie mit der überdimensionalen gefüllten weißen Tulpe 'White Parrot' kombiniert, damit die Purpur- und Mauvetöne anderer Tulpen – 'Blue Beauty', 'Atilla' und 'Purple Prince' – nicht eintönig wirken.

Niedrige Tulpen werden oft zugunsten der prächtigen höheren Sorten übersehen, aber im Frühjahr überziehen ihre winzigen Blüten die Beete mit einem sauberen, ordentlichen Teppich. Versuchen Sie es mit der Wildtulpe *Tulipa bakeri* 'Lilac Wonder' in breiten Schalen oder Blumenkästen – sie sind eine Zierde in der Stadt, wo man vor lauter Teer und Beton sonst leicht vergisst, dass es Frühling ist.

Holländische Iris in einer dekorativen Mischung aus Blau, Purpur und Weiß unseres Zwiebelblumen-Züchters bieten ein paar Wochen lang einen schönen Anblick, wenn die Tulpen zwischen den Vergissmeinnicht langsam verblassen. Das i-Tüpfelchen sind einige Bartiris, die ich vor der Mülltonne gerettet habe: Ich war der Meinung, ein paar sehr blassblaue Iris für einen anderen Teil des Gartens erstanden zu haben, aber als sie blühten, zeigten sie einen stark purpurblauen Stich, der in intensivem Licht grell wirkte. Aus Mitleid warf ich sie nicht weg, sondern vergrub sie im tiefsten Schatten des Cherry Walk. Und siehe da: Der lichte Schatten brachte ihr Purpurmauve zum Glühen.

Meine Leidenschaft für Blautöne gilt auch der blauen *Clematis* 'Perle d'Azur', die sich hier an einem Dreifuß zu den marineblauen Kapuzen des Eisenhuts 'Spark's Variety' emporrankt. Dazwischen hat sich die blassblaue Jungfer im Grünen *(Nigella damascena)* ausgesamt.

Sommerblumen in Blau- und Mauvetöner

In Mittagong muss mein Garten schon im zei tigen Frühjahr schön aussehen, weil anläss lich des Tulip Festivals Tausende von Besu chern kommen. Ursprünglich verstellte eine Garage den Blick auf den Eingangsbereich Deshalb errichteten wir aus viel Erde einer Minihügel mit drei Terrassen. In Anlehnung an den heiligen japanischen Vulkankegel des Fudschijama pflanzte ich ganz oben eine große Gruppe der breitwüchsigen Azalee 'Alba Magna'. Die zweite Terrasse war ei gentlich für Stauden gedacht, aber die Drai nage war für sie zu stark, weshalb dort jetz eine graue Blattschmuckrabatte gedeiht. Die untere Rabatte sollte besonders schön wer den, da der Blick zuerst auf sie fällt. Das hieß ich musste sie mit Sommerblumen bepflan zen.

Damit auch dann noch Struktur vorhander war, wenn die Sommerblumen welkten pflanzte ich Buchs im Zickzackmuster. Ich habe auch blaue und weiße Zickzackmuste angelegt, meistens mit blauen Veilchen und weißen Löwenmäulchen. In manchen Jahren nehme ich blassblaue, dann wieder tiefblaue Veilchen und manchmal eine Mischung, die in Australien unter dem Namen 'Moody Blues' erhältlich ist. Das Zickzackmuster wird weiter hinten – wo es viel sonniger und trockener ist – in einem anderen Beet wiede aufgegriffen. Dort stehen niedrig bleibende Lavendel und Rosmarin, über die sich die pink farbene Ramblerrose 'Albertine' rankt.

Zickzack- oder bogenförmig gestutzter Buchs, zwischen den man Sommerblumen setzt, ist in jedem kleinen oder großer Beet ein sehr ungewöhnlicher Blickfang Natürlich können Sie stattdessen auch graublättriges Heiligenkraut oder Zwerg lavendel nehmen. Beide sehen sehr wir kungsvoll aus, wenn Sie sie mit weißer oder blassblauen Pflanzen kombinieren.

Meine mauvefarbenen Favoriten

Allium christophii
Eine phantastische Bereicherung für jeden Garten. Im Frühsommer bringt Sternkugellauch große Blütenköpfe in Form silbrig-fliederfarbener Kugeln hervor, die aus winzigen sternförmigen Blüten bestehen. Mit ihrem metallischen Glanz hellen sie jedes Beet auf. Sie werden etwa 30 cm hoch und blühen im Halbschatten und in praller Sonne in gut drainierten Böden. Sie können auch ein paar Exemplare stehen lassen, die in getrocknetem Zustand einen silbernen Beigeton annehmen, an dem Sie den ganzen Herbst lang noch Freude haben.

***Erysimum* 'Bowles Mauve'**
Ein mehrjähriger Schöterich mit kleinen, flachen, mauvefarbenen Blüten über gräulichem Laub. In wärmeren Regionen blüht er vom Spätwinter bis Hochsommer, wobei er noch einmal neue Triebe ansetzt, die hervorragende Stützen für später wachsende Pflanzen abgeben. In kühleren Gegenden ist er kurzlebig und muss über Ableger vermehrt werden. Er liebt pralle Sonne und wird bis zu 50 cm hoch. Ein Muss, wenn man schon im Frühsommer Farbe haben möchte.

Lavandula stoechas
Der Schopflavendel bildet eine kompakte graugrüne Staude von etwa 75 cm Höhe mit dichten, ovalen, dunkelpurpurnen Blütenähren, an deren Enden sich Büschel rosa-purpurner Tragblätter befinden. Er liebt Sonne und blüht in gut drainiertem kieshaltigem Boden den ganzen Sommer über, ist aber in kühleren Regionen nicht winterhart.

GEGENÜBER: Damit der Garten auch nach der Blütezeit seine Struktur behält, habe ich auf Kenerton Green die früh blühenden Sommerblumen mit präzise gestutzten Buchshecken eingefasst.

RECHTS: Die winterharte, lang blühende Berg-Flockenblume *(Centaurea montana)* besticht durch ihr intensives Blau.

***Papaver orientale* 'Patty's Plum'**
Schon in zeitigen Frühjahr treibt dieser herrliche Staudenmohn behaarte grüne Blätter und dann dicke Knospen, die an zerknülltes Krepppapier erinnern. Sie öffnen sich im Frühsommer zu riesigen mauvefarbenen und dunkel pflaumenfarbigen Blüten an etwa 1,25 m hohen Stängeln. Der Türkenmohn blüht im Halbschatten oder in der Sonne in gut gedüngtem und gut durchlüftetem Boden. Da er sich über das Beet ausbreitet, hinterlässt er nach der Blüte und dem Rückschnitt eine große Lücke. Obwohl seine farnartigen Blätter schnell nachwachsen, sollten Sie ihn lieber in den hinteren Teil der Rabatte setzen.

***Penstemon* 'Sour Grapes'**
Der australische Züchter David Glen beschreibt diesen immer beliebter werdenden Bartfaden als »zartgrüne, amethystfarbene und blaue Blüten von der Farbe unreifer Trauben«. Er erinnert an kleinwüchsigen Fingerhut mit glockenförmigen Blüten, die an kräftigen Trieben hängen. Diese mehrjährige Pflanze ist angeblich winterhart, solange die Wurzeln nicht im Wasser stehen, aber ich behandle sie wie eine Sommerblume.

***Rosa* 'William Lobb'**
Diese kräftige Moosrose wird bis zu 2 m hoch. Ihre gebogenen Triebe stützt man am besten mit einem Dreifuß ab. Die bemoosten Knospen öffnen sich zu stark gefüllten, herrlich duftenden, kelchförmigen Blüten von tiefrot-purpurner Farbe, die später in ein staubiges Dunkelviolett übergeht. Wie alle Rosen braucht auch sie Sonne, gut gedüngten Boden und viel Wasser.

***Tulipa* 'Blue Parrot'**
Eine große, üppige Papageientulpe mit auffallend ausgefransten Blütenblättern in harmonischer Lavendel-, Blau- und Purpurtönen. In wärmeren Gegenden blüht sie im Halbschatten oder in praller Sonne, in kühleren Regionen sollte man sie immer in die pralle Sonne stellen. Nehmen Sie die Zwiebeln heraus, sobald sich die Blätter braun verfärbt haben.

Tricyrtis formosana
Die Krötenlilie bringt Ähren mit weißen, orchideenförmigen Blüten hervor, die kräftig rosapurpurn gefleckt sind. Auch die glänzenden, dunkel gefleckten Blätter weisen oft purpurne Punkte auf. Diese exotische Staude wird etwa 90 cm hoch und sieht aus, als gehöre sie in einen Dschungel, doch sie gedeiht in nahrhafter Erde in der Sonne oder im Halbschatten. Decken Sie Krötenlilien in kühleren Breiten im Herbst mit einer Mulchschicht ab.

3 | Weiß

Reines, klassisches Weiß wirkt wunderschön in einem australischen Garten, in dem helles starkes Licht herrscht. Doch in England erscheint diese Farbe meiner Meinung nach zu grell. Weiß muss von kräftig grünen Hecken und Bäumen gestützt, vor graue Mauern oder auf salbeigrün oder grau gestrichene Spaliere gesetzt werden. Elegant sieht es auch vor Ziegelwänden aus, wo gewöhnlich sehr viele Grünpflanzen stehen. Hier kommt es auf eine ausgewogene Mischung der Farbintensität an, denn warme Farben und warmes Licht scheinen auf Zwischentöne zu reagieren. Mattere Weißtöne passen besser in weiches Licht, zum Beispiel direkt an Ziegelmauern, die leicht mit Moos überzogen sind oder die Kalkspuren von Sickerwasser tragen.

Weißtöne in kühlen Gegenden

Ich hatte mir eingebildet, ich hätte in den zwei Jahren, in denen wir den Garten von West Green auf Vordermann brachten, sein Licht und seine Atmosphäre verstehen gelernt, aber da hatte ich mich getäuscht. In der ersten Saison setzte ich wohlgemut weiße Pflanzen in den ummauerten Garten. Als sie zum ersten Mal blühten, sahen sie viel zu »neumodisch« für die Stimmung eines solchen alten Gartens aus. Nachdem ich zwei Sommer lang experimentiert habe, sind die meisten Pflanzen entfernt und ich warte nun, wo der Frühling naht, gespannt darauf, ob sich meine Theorien zu altem Weiß in der Praxis bewähren.

In dem Garten wird nach wie vor Weiß vorherrschen, aber es werden auch pergamentweiße und zartrosa sowie pflaumenblau und burgunderrot geäderte Weißtöne dabei sein, weiße Blüten mit dunklen Augen und Farbspritzern. Die Dreifüße warten auf die robusten Ranken der anmutigen ungefüllten Kletterrose 'Francis E. Lester', deren große weiße, büschelweise angeordneten Blüten rosa gerändert sind. Diese attraktive Pflanze dürfte sich auf West Green genauso wohl fühlen wie an meinem See im australischen Garten. Auch die ausgefallene Rose 'Fimbriata' darf nicht fehlen. Sie bezaubert mit ausgefransten Rändern und weißen, flachen, rosa gefleckten Blüten. Eine echte Entdeckung war die blassweiße Englische Strauchrose 'Jacqueline du Pré', aus deren weit geöffneten Blüten goldene Staubfäden ragen. Denselben Farbton hat auch 'Sally Holmes', die in einer Gruppe Englischer Rosen 'Winchester Cathedral' einen strahlend weißen Akzent setzt. Zu beiden Seiten der Rabatte habe ich die kleine Bodendeckerrose 'Nozomi' gepflanzt, die mit ihren winzigen weißen und perlrosa Blüten nur 20 cm bogenförmig überhängt.

Zu hartes Weiß lässt sich gut mit grauem Laub dämpfen. Schon im Hochsommer sind die cremeweißen Büschel von *Anaphalis triplinervis* über die niedrigeren Zweige hoher, graugrüner, kugeliger Artischocken hinausgewachsen, die eine Stütze für die Blüten des Schneefelberichs *(Lysimachia clethroides)* bilden. Auf einer kleineren Fläche kombiniert man am besten silber- und graublättrige Pflanzen wie Heiligenkraut oder Lavendel mit grellem Weiß. Unterpflanzen Sie weiße Rosen, oder fassen Sie ein weißes Beet mit weichem, silbrigem Wollziest *(Stachys byzantina)* ein.

Die krepppapierähnlichen Blüten des Türkenmohns *Papaver orientale* 'Black and White' haben in der Mitte einen schwarzen Fleck, der an Teeblätter auf dem Grund einer Teeschale erinnert, sowie gebrochen weiße Blütenblätter. Sie wirken am besten hinter den silbrigen, pelzig-weichen Blättern von *Stachys byzantina*. Wenn die Rosen verwelkt sind, bahnen sich die reinweißen und rosa-weißen Sorten der 1,5 m hohen Spinnenblume und das ebenso hohe ungefüllte weiße Schmuckkörbchen mit seinen filigranen Blättern einen Weg nach oben. Prachtvolle Asiatische Lilien wie die weiße 'Mont Blanc' mit dunkelpurpurnen getupften Staubfäden und die weiße 'Sterling Star' mit burgunderroten Punkten stehen neben den Türkenbundlilien *Lilium martagon* var. *album* und weißlichen Tigerlilien.

Wolken aus ätherisch weißem Schleierkraut *(Gypsophila)* und *Crambe cordifolia* unterbrechen die dichten weißen Ähren von *Campanula persicifolia* 'Alba', *Digitalis purpurea* 'Alba' und des hohen, schwertartig aufragenden Rittersporns 'Galahad' wie ein Brautschleier. Die weißlich-rosafarbenen Schmetterlingsblüten der *Gaura lindheimeri* bilden weitere Wolkenschwaden, unter denen sich die Blätter der *Iris germanica* 'Palamino' verstecken. Diese schöne Iris hat muschelrosa Blüten mit weißen Gesichtern und wird im Juni von der Päonie 'Miss America' abgelöst. Hauchdünne Blütenwolken in Aquarellfarben und graues Laub erzeugen das, was ich »altes Weiß« nenne – ein zartes Weiß für das weiche Licht, das sich in den hohen Mauern des Gartens fängt.

Ich würde in einen weißen Garten zur Abrundung gern einen kleinen Baum setzen. Seine Blätter sollten so buntlaubig sein, dass sie fast weiß wirken, und an waagrechten Zweigen hängen, die in Form einer Hochzeitstorte gestuft sind. *Cornus controversa* 'Variegata' sieht in voller Blüte romantisch wie ein weißer Blütenschleier aus und stellt einen würdigen Abschluss für ein weißes Beet dar. In Australien gedeiht er in kühleren Regionen, doch in kälteren Klimazonen bevorzugt er ein windgeschütztes Eckchen.

Zwei Lavendelbeete *Lavandula angustifolia* 'Alba', die in einem nassen Winter »ertrunken« waren, habe ich durch rasch wachsende weiße Inkalilien *(Alstroemeria)* und Löwenmäulchen ersetzt.

VORHERGEHENDE DOPPELSEITE: Erst eine Nahaufnahme bringt die interessanten Staubfäden der Lilie 'Casa Blanca' so richtig zur Geltung.

»Hier kommt es auf eine ausgewogene Mischung der Farbintensität an, denn warme Farben und warmes Licht scheinen auf Zwischentöne zu reagieren.«

»... Doch das Zusammenspiel von Form, Größe und Textur der Weiß-in-Weiß gehaltenen Blüten ist noch immer ein faszinierender, atemberaubender Anblick.«

Kühl-weiße Rabatten für warme Klimagebiete

Solange ich denken kann, war das Cottage immer von schneeweißen Spitzenrüschen liebevoll gewählter Sommerblumen eingerahmt. Diese Bepflanzung ändert sich mit jeder Jahreszeit – einmal sind es weiße Tulpen, dann duftende Levkojen, aber auch einjährige Schleifenblumen und Hahnenfuß, allesamt eingefasst von weißen Veilchen, die kissenartig zwischen großen Polster der Schleifenblume *(Iberis sempervirens)* wachsen. Die Farbe Weiß ist in trockenen Ländern nicht einfach zu handhaben, aber in meinem Garten gibt es zum Glück keine rote Erde, auf der Weiß leicht staubig und schmutzig wirkt. Der Tradition des Gartens folgend, tausche ich am Frühlingsende die Palette gegen *Tagetes* 'Vanilla' und weißen Ziertabak, Zinnien und Löwenmäulchen aus, durch die sich hier und da das zarte Laub des Schmuckkörbchens zieht – eine einfache Sommerkollektion, über der girlandenartig die weißliche Kletterrose 'Wedding Day' rankt. Irgendwie haben sich ein paar einzelne weiße Rittersporne und *Nicotiana sylvestris* an der Rückseite des Beetes ausgesamt, wo sie den alteingesessenen Strauchpäonien Gesellschaft leisten.

Die weißen, vorwiegend mit Sommerblumen aus dem Cottagegarten bepflanzten Rabatten auf Kennerton Green – Überbleibsel des eleganten edwardianischen Stils – sind aus der Mode gekommen. Doch das Zusammenspiel von Form, Größe und Textur der Weiß in Weiß gehaltenen unzähligen Blüten ist noch immer ein faszinierender, atemberaubender Anblick. Sie wirken wie weiße Eiskristalle unter einer kühlen Frühjahrssonne. Ich hoffe, dass sich bald wieder jemand für diese verschmähten Blumen interessiert, die schon lange vor der – heute so aktuellen – Sommerstaudenrabatte blühen.

Die Schlichtheit der weißen Blumen spiegelt den Charakter des Hauses wider, denn die Pflanzen sind ebenso genügsam wie das Cottage selbst.

Jeden Herbst planen David McKinlay und ich unsere Sommerblumenrabatten, die David dann pflanzt. Kombinieren Sie in Ihrem weißen Beet einmal *Iberis sempervirens* mit den Sommerblumen *Viola, Lobularia maritima* und *Alyssum* im vorderen Teil. Die einjährige Ranunkel 'Rembrandt', *Matthiola incana,* einjährige *Iberis* und *Antirrhinum majus* bilden dann die Mitte und mehrjährige Rittersporn-Hybriden mit einjährigem Ziertabak *(Nicotiana sylvestris)* den hinteren Teil. In einem kleinen Garten sind im Hochsommer *Tagetes,* Tabakpflanzen, weiße Zinnien, Löwenmäulchen und weißer einjähriger Salbei einen Versuch wert – alle sehen in Beeten, aber auch in Trögen und Kübeln gut aus.

In dem Beet östlich des Hauses trifft man unter den knospenden Frühjahrsbäumen erneut auf weiße Blumen, die wie eine kleine Spitzenrüsche auf einem teuren Petticoat wirken. Im Sommer wird dieses Spitzenband von einer Reihe ausladender Eichenblättriger Hortensien *(Hydrangea quercifolia)* abgelöst, deren lange weiße Blütenbüschel das Farbthema wieder aufgreifen und an die grünen gestutzten Kissen von *Iberis sempervirens* angrenzen. Sie setzen einen rein weißen Akzent in einem ansonsten von Blau- und Grüntönen dominierten Schattenbereich.

Die wichtigsten Stauden dieses Beets sind Rhododendren. Die älteren haben alle Rosatöne, aber die von mir gepflanzten sind vorwiegend cremefarben und weiß. Eine meiner Lieblingsstauden ist der *Rhododendron* 'Fragrantissimum', dessen große weiße Blütentrompeten nach Muskat duften. Als einer der letzten Rhododendren blüht er im Frühjahr, im Anschluss an die wunderschöne *Magnolia stellata* mit den weißen sternförmigen Blüten. Ich habe die kleinen Bäumchen gruppenweise gepflanzt, damit ihre Blütenkronen zusammenwachsen können. Die weißen Rabatten gehen in einen Streifen grüner Blumen über, die aus dem dunklen australischen Sommerschatten hervorleuchten.

GEGENÜBER: Vom Fenster aus blickt man auf einen Streifen mit weißen Ranunkeln und Levkojen, der von kissenförmigen Schleifenblumen *(Iberis sempervirens)* begrenzt wird.

RECHTS: Eine schöne Ton-in-Ton-Kombination aus kleinen Löwenmäulchen, einjährigen Schleifenblumen und Ranunkeln.

Weiß und Rosa

Ich gestehe: Ich bin süchtig nach Hochglanz-Gartenbüchern. Begeistert verfolge ich die neuesten Trends, seufze tief bei verblüffenden Kombinationen und habe in Gedanken meinen Garten bereits umgestaltet, bevor ich auf der letzten Seite angelangt bin. Manchmal setzt sich bei mir dann eine Idealvorstellung fest, auf die ich immer wieder zurückgreife. Angeregt hat mich beispielsweise der Garten von William S. Paley auf Long Island in der Nähe von New York City. Ein Foto zeigte eine Art kreisförmiger, geneigter Böschung, die völlig von rosa-weißem *Cornus* bedeckt war. Auf dem Boden wuchs ein Dickicht aus Azaleen, das unvermittelt an einem kleinen runden Teich endete. Als ich an einem Winternachmittag das Herbstlaub von Kennerton Green hinter dem alten Gemüsegarten verbrannte, der sich an den alten Gebäuden und dem undichten Damm erstreckt, nahm dieser amerikanische Garten ganz unvermittelt auf meinem Grundstück Gestalt an. Solch eine Vision von Rosa und Weiß rings um ein Wasserbecken könnte aus der Kolonialzeit stammen, aber erst durch großzügige Bepflanzungen mit nur wenigen Arten und einer eingeschränkten Farbpalette wird daraus jener schlichte Stil, der so gut zu meinem Landhausgarten passt.

Ein Jahr später rückte eine große Maschine an, um den Damm abzutragen und einen ovalen See auszubaggern. An seinem Ufer wollte ich später Gras säen und das Umland sanft abfallen lassen. Mit diesem Plan hoffte ich, wenigstens teilweise meine Vorstellung von jenem amerikanischen Garten umsetzen zu können. Doch kaum war der neue Teich aufgefüllt, leerte er sich wieder, und die ganze Arbeit begann von vorne. Der schön abgestufte Hang bestand aus kompaktem Lehm, und das Nordende des Gartens war heftigen Winden ausgesetzt, so dass viele meiner früh blühenden Pflanzen abstarben. Eigentlich hätten wir die ganze obere Lehmschicht abtragen sollen, aber ich hatte Angst, die Ufer anzutasten und deshalb pflanzte ich die Bäume und Stauden in tiefe Löcher, die ich in den Lehm gegraben und mit Kompost und Mist aufgefüllt hatte. Ich setzte massenweise den Hartriegel *Cornus stolonifera,* aber die heißen Winde dünnten die Reihen bald aus. *Cornus florida* ist in eher trockenen Gegenden relativ frostbeständig, hat jedoch trotz regelmäßigen Wässerns im Spätsommer seine Schwierigkeiten, während *Cornus kousa* prächtig gedieh – ich vermute, dass er dank seines Standorts mehr Feuchtigkeit abbekommt. Ähnlich dürreempfindlich waren auch Azaleen und Rhododendren, und so musste ich meinen amerikanischen Traum der australischen Realität anpassen.

Den ersehnten rosafarbenen Blütenbaldachin verwirklichte ich schließlich mit dem frühestblühenden Zierapfel *Malus floribunda,* dessen dunkelrosa Knospen sich zu einem ganz blassen Rosa entfalten. *Davidia involucrata,* dessen zarte Blüten an weiße Taschentücher auf der Wäscheleine erinnern, hatte anfangs zu kämpfen, konnte aber überleben. Allen *Deutzia*-Arten kommt das Klima entgegen, und die weißen Blütenkissen der *Deutzia crenata* var. *nakaiana* 'Nikko' sehen im vorderen Teil der Rabatte großartig aus.

Im Frühjahr erstrahlt der gefüllte weiße Flieder *Syringa vulgaris* 'Madame Lemoine' neben den weißen feuerwerksähnlichen Blüten des Ginsters *Cytisus* × *praecox* 'Albus'. Aufsehenerregend sind im Frühling auch die riesigen grünweißen, an Schneebälle erinnernden Blüten von *Viburnum macrocephalum sowie* die Rispenhortensie *Hydrangea paniculata* 'Grandiflora' die im Sommer wunderschöne weiße Blütenkugeln hervorbringt. Der Schneeball *Viburnum opulus* 'Notcutt's Variety' hat kompakte weiße Blüten, aus denen sich im Frühherbst rote Beeren entwickeln.

Das Sonnenröschen *Helianthemum* 'The Bride' mit seinen hauchdünnen Blüten liebt die Sonne und steht gern trocken. Mit ihren Abertausenden ungefüllten weißen Blüten mit der goldenen Mitte über dem staubig-grünen Laub eignet es sich hervorragend als bodendeckende Begleitpflanze.

GEGENÜBER: Bevor die weiße Rabatte im Frühjahr ihre Pracht entfaltet, stehen altrosa Azaleen und Akeleien schon in voller Blüte.

UNTEN: An waagerechten Zweigen tanzen die weißen Blüten des eleganten *Viburnum plicatum* 'Mariesii'.

Ein Rosengarten in Rosa und Weiß

Ich habe auf Kennerton Green viele Pflanzen durch Rosen ersetzt. Wild wachsende Strauchrosen bilden im Frühsommer nun Wolken aus Rosa und Weiß – und wirken besser als die ursprünglich von mir geplanten Hartriegelblüten. Nur einer einzigen David-Austin-Rose, der 'Constance Spry', gefällt es bei mir. Ihre Blüten, die wie Schalen mit rosafarbenem Zuckerwerk aussehen, sind für diesen Garten perfekt geeignet. Eine weitere intensiv rosafarbene Rose ist 'Königin von Dänemark', eine Alba-Rose mit geviertelten Blüten, die ich immer in Dreier- bis Fünfergruppen gesetzt habe und sie mit den schwer duftenden, herabhängenden rosa Köpfen der Zentifolie 'Fantin Latour' abwechsle. Den Beetrand zieren die breitwüchsige Strauchrose 'Raubritter' sowie die kleinblütigen gefransten Rugosa-Rosen, 'Fimbriata' und 'Grootendorst', deren Blütenblätter aussehen, als wären sie mit einer Zickzackschere beschnitten worden.

In diesem Gartenteil herrschen jetzt fröhliche Bonbonfarben, doch das gewisse Etwas erhielt er erst durch einen Teppich aus alten Nelken *(Dianthus allwoodii)*. Dazu grub ich aus dem ursprünglichen Garten einen Stock aus, der sich rasch zu einem eleganten, grellrosa Bodendecker auswuchs und dessen Leuchtkraft durch vereinzelte Hornkräuter *(Cerastium tomentosum)*, Steinkraut *(Alyssum saxatile)* und reinweißes Eisenkraut gedämpft wird. Rings um den See pflanzte ich eine Mischung aus rosa und weißen Kletterrosen, was sich jedoch als Fehler erwies; so ersetzte ich sie durch die robuste Ramblerrose 'Francis E. Lester'. Damit die Bepflanzung nicht zu »brav« erscheint, blitzen dazwischen hier und da die riesigen Blüten der Rose 'Madame Grégoire Staechelin' hindurch.

Für das steile Seeufer war eine Bepflanzung mit Bartiris geplant, die am Wasserrand blass rosa Louisiana-Iris ablösen sollten. Im ersten Jahr waren die fünfhundert zarten Iris 'Beverly Sills' eine Sensation, aber am Ende de

Saison sahen sie entsetzlich aus, da sie unter dem Sauerampfer *Rumex acetosa* erstickten, der sich einfach nicht ausrotten ließ. Ich habe die Iris dann entfernt, und jetzt setzen wir im Wechsel Sommerblumen und hoffen, dass irgendwann einmal durch das ständige Ausgraben und Sprühen eine Neubepflanzung möglich wird.

Den rosa und weißen Rosen ist auf Kennerton Green ein eigener Garten rings um eine kleine Wasserfläche gewidmet. Ein schmaler Pfad führt zu 2 m hohen Hecken aus *Cupressus torulosa*. Eiben gedeihen in den kühleren Klimazonen der südlichen Halbkugel nur zögerlich, aber richtig gestutzte Zypressen erfüllen denselben Zweck. Die Hecke öffnet sich auf einen lang gestreckten Garten mit einem schmalen Teich in der Mitte, in dem sich zu beiden Seiten vorwiegend rosa-weiße Stammrosen spiegeln. Rechts und links stützen parallel angeordnete Eisenbögen die moderne Strauchrose 'Schneewittchen', die einen lauschigen Sitzplatz beschattet. Und am hinteren Ende erhebt sich im lichten Schatten die Figur einer Schäferin über der kühlen cremeweißen Rose 'Valerie Swane', die ich zur Erinnerung an eine Freundin und Gärtnerin pflanzte.

Den ursprünglichen Rosengarten legte Lady Pagan an, mit wunderschönen cremefarbenen, rosafarbenen und weißen Teerosen- und Floribunda-Hybriden, die vor zwanzig Jahren aus Katalogen erhältlich waren. Auch meiner Mutter gefielen diese Rosen, und deshalb stehen hier die Lieblingssorten der beiden Frauen: die weißen Teehybriden 'Virgo' und 'Silver Jubilee', die rosafarbene 'Elizabeth Harkness', die duftende cremeweiße, rosagerandete 'Princesse de Monaco', die rosa gefleckte, cremegelbe 'Gloria Dei', die zartrosa 'Pink Parfait', die kleinblütige blassrosa 'Ballerina' mit weißer Mitte und 'Queen Elizabeth', eine prachtvolle Floribunda-Rose, deren Rosatönung alle anderen übertrifft. Später kam dann 'Margaret Merril' hinzu, eine weiße Floribunda-Rosa, satinartig rosafarben überhaucht, sowie 'Seduction', eine große cremefarbene Rose mit ganz blassrosafarbenem Rand, die champagnerfarbenen Rosen 'Vanilla' und 'Champagne' ebenso wie die blassrosa bis weiße 'Souvenir de Saint Anne's', eine halb gefüllte Spielart von 'Souvenir de Malmaison'.

Selbst eine kleine Fläche können Sie in einen sinnlichen Rosengarten verwandeln – genügend Sonne vorausgesetzt. Sie haben die Wahl zwischen Kletterrosen (bis über 5 m hoch), Hochstammrosen bis 2,5 m und Halbstämmen bis 2 m Höhe, Strauch- und Beetrosen von 0,5–2 m Höhe und Bodendeckerrosen wie der üppig blühenden 'Ballerina'.

Zu den schönsten Rosen gehören:

'Fantin-Latour'
Eine robuste Strauchrose, die bis zu 2 m hoch wird. Die Blüten dieser Zentifolie sind muschelrosa Schalen, deren Blütenblätter im Sommer etwas dunkler werden. Rosen brauchen genügend Dünger, bevorzugt Rinderdung, am besten auch schon früh zum Austrieb. Diese Rose steht in allen meinen Gärten.

'Francis E. Lester'
Wie die Rose 'Wedding Day' (siehe Seite 69) ist auch diese Ramblerrose eine meiner bevorzugten Sorten. Sie ist kräftig, dicht belaubt und erreicht eine Höhe von bis zu 5 m. Sie bringt im Hochsommer büschelweise duftende, ungefüllte weiße Blüten hervor, deren Ränder rosa überhaucht sind. Zwar liebt sie wie alle Rosen gute Düngung, gedeiht aber auch auf trockenen Böden.

'Königin von Dänemark'
Dies ist eine typische Alte Rose, eine Alba-Rose von zartestem Rosa mit graugrünen Blättern, und wird 1,2 m hoch. Sie hat intensiv duftende, große, geviertelte Blüten.

'Madeleine Selzer'
Die gefüllten, zitronenesfarbenen Blüten dieser nicht zu kräftigen Ramblerrose mit ihrem attraktiven hellgrünen Laub öffnen sich nur einmal im Jahr. Sie sind genügsam und gedeihen in kiesigem wie in gutem Gartenboden.

GEGENÜBER: Diese altrosafarbene Rose fand ich neben einer verlassenen Hütte und setzte sie in Mittagong in ein Beet mit *Dianthus allwoodii*.

LINKS: Die Floribunda-Rose 'Saint John'.

»Zwischen weißen Seerosen erhebt sich die Voliere im chinesischen Stil, die über der Wasseroberfläche zu schweben scheint.«

Modebewusste Gärtner greifen heute lieber zu Alten Rosen und lehnen meine Art der Bepflanzung ab, aber mir gefällt sie, weil man daran die Entwicklung eines Gartens und die Wertschätzung früherer Gärtner ablesen kann. Die hohen Hecken meines rosa und weißen Gartens bergen ganz andere sinnliche Reize: Rosen stehen aufrecht auf veredelten Stämmchen, mit einem weiten Rock bleibt man an den Strauchrosen hängen, und wohin man blickt, überall Kaskadenrosen und mit Blüten übersäte Rosenbögen.

In kleineren Gärten kommt es besonders darauf an, die Flächen effektiv zu nutzen und die Unterpflanzung sorgfältig auszuwählen. Da Rosen in trockenem Klima hervorragend gedeihen, vergisst man dabei oft, dass sie sehr nährstoffhaltigen Boden und genügend Wasser brauchen, um ihre Pracht zu entfalten. Darauf ist auch bei der Unterpflanzung zu achten. Als niedrige Begleitpflanzen eignen sich Katzenminze und Lavendel, die beide nicht so viel Wasser benötigen. Diese Pflanzen wuchern allerdings manchmal, so dass Zwiebel- und Sommerblumen bisweilen günstiger erscheinen. Da Hochstammrosen vor allem im Frühjahr kahl aussehen, kann man sie mit Zwiebelblumen wie der gefransten Tulpe 'Swan Wings' oder *Allium triquetrum* unterpflanzen.

Hecken schaffen nicht nur private Bereiche und bieten Menschen und Rosen Schutz vor dem Wind, sondern fangen auch das helle Licht ab, so dass die Farben einer Staudenrabatte rein und klar bleiben und nicht so sehr verblassen. Eine Unterpflanzung mit rosafarbenen Vergissmeinnicht, Gänsekresse und Tulpen spiegelt diese Buntheit wider. Begrenzende Hecken haben allerdings auch ihre Nachteile, da sich zwischen der Blütenpracht die Feuchtigkeit staut, was im späten Frühjahr dann den gefürchteten Sternrußtau begünstigt.

Eine Bepflanzung mit rosafarbenen und weißen Rosen wirkt leicht kitschig. Bringen Sie deshalb etwas Leben hinein – etwa mit der öfterblühenden Sorte 'Ferdinand Pichard', deren zartrosa Blüten glänzende karmesinrote Streifen tragen, oder mit der eleganten 'Baron Girod de l'Ain', deren tief karmesinrote Blütenkelche weiß gerändert sind.

Weiße Bäume mit farbiger Unterpflanzung
Ich glaube, es waren die Worte des 23. Psalms »Er bringt mich auf saftige Weiden, lässt mich ruhen am frischen Wasser und gibt mir neue Kraft«, die mich veranlassten, einen Hain aus weißen Bäumen neben dem tiefdunklen Wasser anzulegen. Meine Mutter starb im Juli 1991 auf Kennerton Green, als wir gerade über die Neubepflanzung eines Gartenbereichs sprachen.

Uns beiden gefiel die Vorstellung von weißen Birken und einem Waldgarten – vor ihrem Tod wünschte sich meine Mutter einen Laubengang, durch den man diesen Garten betreten konnte. Heute gibt es diesen Laubengang in Form einer lang gestreckten Voliere voller weißer Tauben, die zu einem Hain aus dreihundert schlanken weißstämmigen Birken führt. An ihren zarten Zweigen schaukeln winzige schimmernde Blätter, die im Wind zu flüstern scheinen. In der Mitte dieses idyllischen Fleckchens liegt ein Teich, in dem jetzt blaue und weiße Louisiana-Iris stehen. Zwischen weißen Seerosen erhebt sich die Voliere im chinesischen Stil, die über der Wasseroberfläche zu schweben scheint.

Der Waldboden ist ein Teppich aus kleinen Zwiebelpflanzen, der sich beständig verändert. Auf die frühen, zarten, blassblauen Krokusse folgen die nickenden gelben Häubchen der Reifrocknarzisse *Narcissus bulbocodium*, deren winzige Blüten sich ungeheuer schnell vermehren. Diese verschwinden bald unter Tausenden von Hand gepflanzter »Bluebells« *(Hyacinthoides non-scripta)*. Dazu musste ich teilweise mit einem Brecheisen das Erdreich

RECHTS: Den mit »Bluebells« eingefassten Teich im bewaldeten Teil des Gartens habe ich zu Ehren meiner Mutter Una Abbott anlegen lassen.

VORHERIGE DOPPELSEITE: Umgeben von hohen *Cupressus-torulosa*-Hecken, bewacht der steinerne Schäfer den Rosengarten auf Kennerton Green (hier Anfang November).

auflockern, weil die Herbstregenfälle auf sich warten ließen. Neben den »Bluebells« verströmen großflächig gepflanzte cremeweiße Freesien *(Freesia refracta* var. *alba)* ihren betörenden Duft. Zum Glück ist das Klima in Australien trotz gelegentlicher leichter Fröste so mild, dass ich Freesien im Freiland halten kann. Meistens blühen sie nur alle zwei, drei Jahre an geschützten Stellen, während die Reifrocknarzissen selbst unter extrem ungünstigen Bedingungen gedeihen.
Alle Zwiebelblumen bilden einen entzückenden Teppich in den Farben Blau, Gelb, Blau und Weiß. Dieser wird im Frühsommer von den hohen Blütenähren des weißen Fingerhuts *Digitalis purpurea* 'Alba' abgelöst, die mit den weißen Birkenstämmen konkurrieren. Später im Jahr blitzt dann zwischen den kleinen Herbstblättern der strahlend gelbe Herbst»krokus« *Sternbergia lutea* hervor.

In raueren Klimazonen muss man auf Freesien zwar verzichten, aber ein Beet wirkt auch mit anderen Zwiebelblumen heiter. Ich denke dabei an nickende Fritillarien und anmutige Narzissen, die schon im zeitigen Frühjahr nach den beliebten Kissenprimeln Lichttupfen in den Garten bringen.

Ein Waldstück ist in aller Regel keine ebene Fläche, sondern ein Gebiet mit Schluchten, Erhebungen und kleinen Böschungen. Deshalb gibt es auch in meinem Birkenhain Anhöhen, eine Reihe unterschiedlich hoher Hügel, die einen Blumenteppich tragen. Auf die Böschung hinter dem Teich habe ich die Rugosa-Rose 'Schneezwerg' gepflanzt, die weiße Blüten mit gelben Staubfäden hervorbringt, und aus den Mauerritzen lugen *Iberis sempervirens,* die schwer nach Gewürznelken duftende Nelke 'Mrs. Sinkins' und *Cerastium tomentosum,* die einen mattenförmigen Bodenbelag ergeben, der seinen volkstümlichen Namen »Schnee im Sommer« zu Recht trägt.

Oft sitze ich auf der Bank am Teich und denke über dieses im Grunde tollkühne Unternehmen nach – Birken gedeihen nämlich in unserem Klima auch in gut gepflegten Beeten, doch für Waldbepflanzungen in Mittagong sind sie nicht gerade ideal geeignet. Aber jeder Gärtner möchte etwas Schönes erschaffen, und für mich bedeutete das eben eine fröhliche Mischung aus weißen Bäumen, hohen weißen Blumen und einem Teppich in den Farben Blau, Weiß und Gelb. Auch zarte Rosen durften nicht fehlen. Im Frühjahr sollte man den Garten durch ein Wolkenmeer weißer Spireen *(Spiraea × arguta)* betreten, deren mikroskopisch kleine grüne Blättchen und die wie ein Schleier anmutenden Blüten einen ganz eigenen Charme besitzen.
Sofern ein Garten ein Stück Paradies sein kann, habe ich mir hier mein eigenes Eden geschaffen. Es ist sehr minimalistisch gestaltet. Ich habe dreihundert weiße Birken gesetzt und die Beete als kompakte Farbblöcke in Blau, Weiß und Gelb gestaltet. Auch auf West Green setzen wir Birken, *Betula jacquemontii,* hinter klar geschnittene dunkelgrüne Eibenhecken. Das ergibt einen guten Übergang an der Grenze zwischen natürlichem Wald und klassisch-formalem Garten.

Meine weißen Favoriten

Cleome hassleriana
Die einjährige Spinnenblume mit ihren kräftigen Trieben wird in praller Sonne bis 1,5 m hoch. Sie blüht im Hochsommer mit spinnenähnlichen Blütenblättern am oberen Ende der Triebe. Es gibt Sorten in Weiß, hellem Magentarot und Rosa.

Crambe cordifolia
An 2 m hohen, kräftigen Trieben bilden sich von Spätfrühling bis Hochsommer über einem Strunk großer mittelgrüner Blätter Wolken winziger, duftender, schleierkrautartiger Blüten. Der Meerkohl braucht einen sonnigen Standort und verträgt trockene Böden, aber im kühl gemäßigten Klima will er bei mir nicht so recht Fuß fassen.

Iberis sempervirens
Die Schleifenblume ist eine bodendeckende Staude, deren winzige weiße Blüten sich im Frühjahr in der Sonne oder im Halbschatten öffnen. Alte Pflanzen bilden mit der Zeit Tuffs, die man über Terrassen ziehen kann. Schneidet man die Schleifenblume nach der Blüte, besticht sie den ganzen Sommer lang durch ihre anmutige Form. Die einjährige *Iberis amara* liebt sonnige Plätze und hat ähnliche Blüten, wird aber etwa 20 cm hoch.

Lysimachia clethroides
Im Hoch- und Spätsommer dämpfen die hellen Triebe des Schneefelberichs jede Rabatte. Seine schlanken Triebe werden etwa 1 m hoch. Zuerst kräuseln sie sich, dann aber strecken sie sich ein wenig wie Gänsehälse, auf denen oben Büschel winziger weißer Blüten sitzen. Der Schneefelberich gedeiht im Halbschatten oder in der Sonne, liebt aber ziemlich feuchtes Erdreich.

Matthiola incana
Die Levkoje ist eine süßlich duftende, etwa 20–25 cm hohe Sommerblume, die sich mit gefüllten Blütenrosetten schmückt. Sie liebt ein gut gemulchtes Beet und blüht im Spätfrühling oder Frühsommer ungefähr sechs Wochen lang. Es gibt sie in Lavendeltönen, Rosa und Weiß. Ich verwende nur die weißen Sorten.

Ornithogalum nutans
Diese Zwiebelpflanze hat weiße Blütensterne mit einem deutlichen grünen Mittelstreifen. Die Pflanzen werden, oft an schattigen Stellen, etwa 20 cm hoch und vermehren sich gut. Ich nehme den Milchstern gerne als Unterpflanzung für Tulpen.

***Rosa* 'Wedding Day'**
Diese Ramblerrose hat sich bei mir schon in den Subtropen, am Mittelmeer und in kühl gemäßigten Klimazonen bewährt und überall geblüht. Apricotgelbe Knospen öffnen sich zu Büscheln aus ungefüllten, cremefarbenen, später weißen, duftenden Blüten. In fünf Jahren sind diese Pflanzen so kräftig gewachsen, dass zwei Drittel des Hauses auf Kennerton Green inzwischen in einer Wolke aus 'Wedding Day' verschwunden sind. Bei entsprechender Nährstoffzufuhr gedeiht sie in Kies, Sand und guten Böden gleichermaßen gut. Wie Valerie Swane sagen würde: ›Pflanze sie und lehn' dich dann zurück.‹

***Viburnum plicatum* 'Mariesii'**
Ein hoher, breitwüchsiger, sommergrüner Strauch, die oft bis 3 m Höhe erreicht und deutlich waagerecht ausgerichtete Äste aufweist. Im Frühling bringt er kleine hellgrüne Blätter und flache, weiße Blütendolden hervor. Dieser Schneeball macht sich gleichermaßen gut als Solitär und als Hecke.

GEGENÜBER: Die gefüllten Dichternarzissen *Narcissus poeticus* var. *recurvus* haben sich im Seengebiet auf West Green House schon verwildert.

RECHTS: Hohe australische Eukalyptusbäume bilden die Kulisse des alten Gartens von Kennerton Green.

4 Gelb, Rosa und Braun

Zwischen einzelnen Gartenbereichen kann man mit Farbe recht gute Übergänge herstellen. Gartengestalter setzen oft in regelmäßigen Abständen größere Gruppen einer bestimmten Pflanze, die den Betrachter dann durch die Rabatte begleiten. So pflanzen beispielsweise Zwiebelblumenfans blaue Traubenhyazinthen *(Muscari)* zwischen einzelne Gruppen von Blumen in leuchtenden Farben, so dass sie wie ein blauer Fluss wirken und die einzelnen Farbfelder miteinander verbinden. Ich habe auf Kennerton Green mit Farben eine Brücke zwischen den alten und neuen Gärten geschlagen. Besonders hat sich dies zur Verbindung zweier unterschiedlicher Gestaltungsstile bewährt.

Der »alte« Garten ist ein typisch australischer Landhausgarten mit hohen Bäumen und sanft geschwungenen, von Blumenbeeten gesäumten Rasenflächen. Ich persönlich tendiere allerdings eher zu strukturierten Anlagen, zu »Gartenzimmern«, die durch Hecken, Zäune oder Baumgruppen voneinander getrennt sind. Als Übergänge verwende ich vorwiegend eine einzige Farbe großflächig, setze aber ebenso oft zwei verwandte Farben in Kontrast zueinander. Da das Haus im Mittelpunkt des üppigen weißen Gartens steht, von dem aus alle Auffahrten und Wege kreisförmig ausgehen, bot sich Weiß auch als vorherrschende Verbindungsfarbe an, die zunächst zu den Gelbtönen überleitet.

Das erste Farbenbeet beginnt an einem Zaun, über den sich eine gelbe Hecke aus *Forsythia suspensa* ergießt, die ihre ganze Pracht schon im zeitigen Frühjahr zur Schau stellt. Hier standen bereits 'King Alfred'-Narzissen, einfache Kissenprimeln sowie *Alyssum saxatile* 'Compactum' und 'Gold Dust'. Die gelben Blütenkerzen über den pelzigen grünen Blättern der gruppenweise angeordneten *Phlomis russeliana* passen gut zu den steifen Schwertblättern von *Sisyrinchium striatum,* deren aufrechte Triebe dicht mit kleinen zitronig-cremefarbenen Blüten besetzt sind. Weiße Blüten tauchen dann wieder bei einer Gruppe von zwanzig herrlich duftenden Büschen auf, zu denen der Pfeifenstrauch *Philadelphus* 'Beauclerk' sowie *P.* × *lemoinei* und die Orangenblume *(Choisya ternata)* gehören. Dazwischen stehen dicht gedrängt selbst ausgesamte Silbertaler und die gelbe Tulpe 'Golden Apeldoorn'. Ihre Gelbtöne mischen sich mit den vorherrschenden weißen Pflanzengruppen, bevor das neue Beet und die nächste Farbengruppe beginnen.

RECHTS: Die gelbe Tulpe 'Maureen' blüht als eine der ersten in der langen gelben Rabatte.

UNTEN: Im alten Garten auf Kennerton Green gehen die weißen Rabatten in ein Beet mit Gelbtönen über.

GEGENÜBER: Goldenes Steinkraut, die Tulpe 'Maureen' und »Bluebells« in der blau-gelben Rabatte.

VORHERGEHENDE DOPPELSEITE: *Viola* 'Antique' zeigt Farbschattierungen in allen Übergangsfarben, von Gelb über Rosa bis Braun.

»Als Übergänge verwende ich vorwiegend eine einzige Farbe großflächig, setzte aber ebenso oft zwei verwandte Farben in Kontrast zueinander.«

Gelb, Rosa und Braun

Wenn Sie Blütensträucher wie den Pfeifenstrauch blockweise setzen, kann das Auge im Garten von einer Farbe zur nächsten schweifen. Wählen Sie für einen schattigen Bereich eine immergrüne Pflanze wie die Orangenblume *Choisya ternata;* ihre glänzend grünen Blätter und leuchtend weißen Blüten sorgen für erfrischende Abwechslung. In einem kleinen Garten zeigt dieser Blockfarbenakzent besondere Wirkung. Wenn Ihnen der Platz fehlt, um mit Pflanzengruppen zu arbeiten, dann wählen Sie ein einziges, ins Auge fallendes Exemplar, oder geben Sie Immergrünen durch den entsprechenden Schnitt eine interessante Form.

Das Beet schwenkt dann zu Blautönen über, aber hier spielt die Farbe im Vergleich zur Struktur nur eine Nebenrolle: Große Buchsgruppen, zu Kegeln, Würfeln, Kugeln und Lollipops gestutzt, setzen auch hier starke Akzente, was Dichte und Form betrifft, und bilden einen idealen Hintergrund für die weichen Formen der *Philadelphus*-Gruppe weiter vorn. Doch herrschen hier nicht nur sanfte Übergänge: Zu beiden Seiten des Weges, der in den geometrisch angelegten Gemüsegarten führt, stehen formale Pflanzen. Wichtigstes Verbindungselement ist in diesem Fall folglich die Form und weniger die Farbe.

Meine Beete in Blöcken aus Weiß, Gelb und Blau verlaufen in einem rhythmischen Bogen halbkreisförmig um den Garten herum. Hier gibt es viele Kontraste: Formschnitte, Tunnels und Böschungen mit einzeln stehenden Pflanzen, Kletterpflanzen, Bäumen und natürlich Tausenden von Sommerblumen und Stauden, deren Farbe zwar verbindend wirkt, die aber mit ihrem Aussehen überraschen.

In wärmeren Teilen der Erde ist leuchtendes Gelb selbst an den heißesten Tagen sauber und klar, während es in kühleren Gegenden gedämpft werden muss. Bei großer Hitze besitzt Gelb die ganze Frische eines kühlenden Longdrinks, an kalten Tagen sorgt es hingegen für helles Licht. Für uns Australier muss es wohl die richtige Farbe sein, denn sonst gäbe es im Buschland nicht so viele tausend Sorten einheimischer Akazien in allen Nuancen – von Cremeweiß bis zum satten Goldgelb der *Acacia baileyana.* Mir gefällt auch eine Kombination aus klarem Hellgelb und Himmelblau, die ich blockweise so einsetze, dass eine Farbe zur nächsten überleitet.

Wenn Sie sich vor einer großen gelben Fläche scheuen, in einem Staudenbeet aber eine kleine Biegung haben, könnten Sie den vorderen Teil mit dem satt dunkelgelben Fingerstrauch *Potentilla recta* 'Warrenii' und die hinteren Reihen mit der dunkel kastanienbraunen Taglilie *Hemerocallis* 'Root Beer' bepflanzen, so dass das Beet gestuft wirkt. Ebenfalls für Höhe sorgt das zitronengelbe Mädchenauge *Coreopsis verticillata* 'Moonbeam', die das Gesamtbild abrundet. Haben Sie im hinteren Teil noch etwas Platz, versuchen Sie es doch mit einem dunkelblauen Eisenhut wie 'Bressingham Spire', und setzen Sie auch die schokoladenbraune Kosmee *Cosmos atrosanguineus* in die Gruppe.

Eine gefällige Gruppierung von Gelb und Blau entsteht, wenn Sie in einem Beet die gelbe Englische Rose 'Graham Thomas' als Hochstamm mit einem Teppich der vielseitigen gelbäugigen Kapaster *Felicia amelloides* unterpflanzen. Beide Farben sind gleichermaßen intensiv, aber die schlichte Form der Kapaster lockert die Strenge der Hochstammrosen etwas auf. Die Königskerze *Verbascum olympicum* hüllt sich von der Spitze ihrer 2 m hohen Rispe bis zu den auffallenden grauen Blättern in weichen weißen Flaum. Diese Pflanze mit den flachen gelben Blüten wirkt besonders dekorativ, wenn sie sich neben einem Weg aussamen darf. Dann lenkt sie den Blick weiter und macht neugierig darauf, welche Überraschung wohl hinter der nächsten Biegung wartet.

Kennerton Green: Die Rose 'Golden Showers' im Laubengang steht schon in voller Blüte, während sich der Goldregen noch etwas Zeit lässt.

Ein phantastisches blaues Beet bildet den Hintergrund für meinen langen gelben Tunnel, der inzwischen von der Kletterrose 'Golden Showers' und den goldenen, glyzinenähnlichen Blütentrauben von *Laburnum anagyroides* überwuchert ist. Der Goldregen ist das Schneckenparadies in meinem Garten: Wir verbringen Stunden damit, die Tiere selbst mit Leitern von den höchsten Sprossen herunterzuholen. Auf dem Boden streuen wir Schneckenkorn, aber ohne Erfolg – sie erklimmen selbst die höchsten Äste und fressen die Pflanze kahl, bis sie am Ende des Sommers nahezu kein Blatt mehr trägt. Zum Glück fällt dies nicht weiter auf, denn 'Golden Showers' hat exakt dieselbe Farbe wie der Goldregen und blüht überschwänglich. Einige Leute waren skeptisch, als ich einen gemischten Laubengang pflanzen wollte, aber es hat sich als praktische Lösung erwiesen und ergibt zudem eine gefällige Kombination.

Sofern Sie über genügend Platz und Geduld verfügen, gehören Goldregen-Tunnel zu den großen Freuden im Spätfrühling. *Laburnum* setzt zwar markante Akzente im Garten, ist jedoch eine flüchtige Schönheit. Wenn Sie die Blütezeit verlängern wollen, pflanzen Sie dazwischen am besten eine Kletterrose wie 'Golden Showers'. Setzen Sie jede Pflanze innen und auf beiden Seiten des Laubengangs im Abstand von 1 m, damit die gleichfarbigen Pflanzen zusammenwachsen können. Es dauert mindestens acht Jahre, bis ein geschlossener Goldregen-Tunnel entstanden ist, und noch länger, wenn er eine Auffahrt überspannen soll. Ist es dann aber soweit, erwartet Sie bei jedem Wetter ein goldener Blickfang.

Unter dem Bogengang wagen sich die gelben Gesichter von *Limnanthes douglasii* und der leuchtend blaue Steinsame *Lithospermum diffusum* vorwitzig auf den Kiesweg. Die hohe himmelblaue Bartiris 'Portrait of Larrie' neigt sich zur Mitte des Weges hin. Sie wurde mit einer farblich passenden Zwergiris unterpflanzt, und hinter dem gelben Tunnel setzen sich die blauen Beete fort. Diese Gelb- und Blaublöcke verlaufen noch 6 m weiter, bevor sie an eine in Weiß gehaltene Böschung stoßen, an der sich das Auge auf das nächste Thema einstellen kann.

Einer der fröhlichsten Anblicke, die wir alle kennen und lieben, ist das Bild der Kapuzinerkresse, die sich in Monets Garten im französischen Giverny über den Weg rankt. Diesen Effekt kann man ganz einfach nachahmen – allerdings wuchert die Pflanze leicht. Gelbe *Limnanthes douglasii* und blauer *Lithospermum diffusum* wirken auf einem weißen Kiesweg zwar kühl und sauber, nehmen ihm aber seine Strenge. Auch das Pfennigkraut *Lysimachia nummularia* 'Aurea' und der goldfarbene Zitronenthymian *Thymus × citriodorus* 'Aureus' sehen mit ihren phantastischen Gelb-Gold-Schattierungen einfach wunderschön aus, wenn sie über einen Kiesweg kriechen und im sommerlichen Garten leuchtende Einfassungen bilden.

Meine gelben Favoriten

***Acacia baileyana* 'Cootamundra Wattle'**
Es gibt zwar Hunderte von Akazien-Arten, aber dieser kleine Baum mit den grauen, farnartigen, leicht purpurn angehauchten Blättern ist für mich die australische Akazie. Jedes Frühjahr ist sie von leuchtend goldenen Blütenkügelchen überzogen. In Südaustralien gedeiht sie in gut durchlüfteten Böden, in Europa und Nordamerika überlebt sie nur in sehr mildem Klima.

Cephalaria gigantea
Die mehrjährigrige Riesenglockenblume, auch Schuppenkopf genannt, treibt auf schlanken grünen, bis zu 2 m hohen Trieben blassgelbe, nadelkissenförmige Blütenköpfe. Sie liebt guten Boden und pralle Sonne.

***Fritillaria imperialis* 'Lutea Maxima'**
Kaiserkronen sind Zwiebelblumen, die im Vollfrühling blühen. Kräftige grüne, oft bis 1,5 m hohe Triebe werden von gelben Glocken mit grünem Blätterdutt gekrönt. Kaiserkronen vertragen keinen zu feuchten Boden.

Helianthus annuus
Die Sonnenblumen sind mit ihren riesigen gelben Blüten auf 2 m hohen Stielen das Symbol des Spätsommers. Nicht ganz so hoch wie die traditionelle Sonnenblume 'Russian Giant' wächst die rostrote 'Ruby Sunset'. Es gibt auch neue Sorten in Cremetönen sowie verschiedenen Gelb-, Gold- und goldbraunen Schattierungen.

***Laburnum* × *watereri* 'Vossii'**
Ein schlanker Baum mit langen, gelben, glyzinenähnlichen Blütentrauben, die bis 50 cm lang werden können und sich im Spätfrühling öffnen. Goldregen ist die Pflanze der Wahl für Tunnels und Bogengänge, wo sie in Einzelreihen gesetzt werden sollte. Der Goldregen liebt guten Boden und verträgt keine nassen Füße.

Phlomis fruticosa
Das Brandkraut ist eine behaarte, blaugrünblättrige, sommergrüne Staude mit kerzenförmig angeordneten Quirlen gelber Blüten, die den ganzen Sommer lang blühen. In kühlgemäßigten Regionen vollkommen winterhart, muss es im Herbst allerdings unter Umständen zurückgeschnitten werden, damit es in kälteren Temperaturen überlebt.

***Rosa* 'Graham Thomas'**
Eine von David Austins Lieblingsrosen mit sattgelben Blüten über glänzendem grünem Laub. Die schalenförmigen Blüten sind dicht gefüllt, und der Strauch ist kräftig und wird bis 1,3 m hoch. Meiner Meinung nach die allerbeste gelbe Rose im Sommer.

***Rosa* 'Nevada'**
Eine moderne Strauchrose, die kräftig bis z 2 m Höhe und Breite heranwächst. 'Nevada treibt halbgefüllte große, cremeweiße Blüte mit auffälligen Staubfäden. Sie gehört zu de frühest blühenden Rosen und sieht sehr gu an einer Auffahrt aus, wo man sie ruhig i großen Mengen setzen darf.

Sisyrinchium striatum
Die Binsenlilie ist eine Staude mit irisähn lichen Blättern. Ihre kleinen Blüten sind vo blassestem Cremegelb und sitzen büsche weise an Trieben, die bis 1 m hoch werde können. Die Binsenlilie breitet sich gut au und fühlt sich am wohlsten in praller Sonne Sie verträgt auch Halbschatten, aber kein nassen Füße.

Sternbergia lutea
Sternbergien ähneln Frühlingskrokus, blühe aber erst im Herbst. Sie wirken wie leuchten gelbe Glühbirnen unter Bäumen und entfa ten ihre Farbenpracht am besten, bevor de Blattteppich zu dicht wird. Zudem eignen si sich gut für einen Steingarten, wo sie sic schnell eingewöhnen und in praller Sonn oder etwas lichtem Schatten unermüdlic blühen.

GEGENÜBER: Die Rose 'Golden Showers' verträgt auch klimatische Extreme. Ihre »zerzaust« wirkenden goldenen Blüten verblassen allmählich mit zunehmendem Alter.

»... wollte ich auch keinen englischen Garten anlegen, in dem nicht einmal ein Hauch von Rosa vorkam ...«

Rosatöne auf West Green

Das sanfte Licht, das in England herrscht, wird hervorragend durch Rosa ergänzt. Diese Farbe hellt die Stimmung nämlich ein wenig auf und sorgt selbst dann noch für ein Leuchten, wenn die Sonne nicht scheint. Da ich bei Rosa allerdings Bedenken hatte, waren auf meinen Pflanzenlisten für West Green House nur sattes Purpur, Burgunderrot sowie Blau- und Mauvetöne zu finden. Ich konnte mir keine rein rosafarbenen Beete so dicht an den Ziegelmauern vorstellen, bei denen Orange und Ocker dominierten. Aber andererseits wollte ich auch keinen englischen Garten anlegen, in dem nicht einmal ein Hauch von Rosa vorkam. Rosa Rosen und Gruppen mit Lupinen, Fingerhut, Päonien, Lilien sowie rosa überhauchte Magnolien gehörten einfach dazu.

Ich betrachtete also die Mauern ganz genau und entdeckte bei einigen der gebrannten Hampshireziegel ein purpurnes Pigment. Daraufhin nahm ich mir ein Herz und versuchte es probeweise mit ein bisschen Rosa als Übergang von Mauve zu Weiß. Die letzten Pflanzen des mauvefarbenen Beets spielen bereits ein wenig ins Rosa: der rosa-mauvefarbene Rittersporn 'Astolat', die silbrig-violetten Kugeln von *Allium christophii* und die rosa-mauve getönte Taglilie 'Catherine Woodbery'. Diese leiten in ein kühles rosa Beet über, das seinerseits in weiße Blüten übergeht. Es beginnt mit der auffallenden rotweiß gestreiften Bourbonrose 'Variegata di Bologna' und der blassrosa-karmesinrot gestreiften Remontantrose 'Ferdinand Pichard'. Ich pflanzte gruppenweise rosa Rosen: meine Lieblingsrose, die zartrosa 'Königin von Dänemark', die feine 'Fantin-Latour', die malerischen prachtvollen rosa Blüten der Zentifolie 'Ispahan' und die Bourbonrosen 'Louise Odier', 'Madame Isaac Pereire' und 'Reine Victoria' mit ihren dicht gefüllten rosa Blütenkelchen. Sie alle bilden die Unterpflanzung für ein cremefarben-dunkelrosa blühendes Geißblatt, das ich zu Hochstammkugeln gestutzt habe.

Inzwischen gibt es viele breitwüchsige und eigenwillige Pflanzen als Formgehölze zu kaufen, die im Frühjahr aufrechte Blütenkugeln auf Hochstämmchen abgeben. Mit Geißblatt, Weigelien, Flieder oder Lavendel lassen sich über sanft wogenden Stauden malerische Kontraste in Textur, Farbe, Form und Struktur erzielen. In kleineren Beeten sehen Hochstämmchen übrigens auch dann wirkungsvoll aus, wenn sie in großen Kübeln stehen.

Um das Ganze im Rahmen zu halten, ließ ich *Linaria purpurea* 'Canon Went' das ganze Beet einfassen. Im ersten Jahr sah dies prachtvoll aus, aber bald wurde das Leinkraut so dicht wie ein Lattenzaun aus sehr blassrosa Blüten, und ich musste jedes Frühjahr unbarmherzig jäten. Zwischen den rosa-weißen Lupinen 'The Chatelaine' standen die zarten rosafarbenen 'Heidi'-Akeleien, und die kräftigen Kerzen von *Verbascum chaixii* 'Pink Domino' bahnten sich ihren Weg durch die dichten Rosen. Mit der Zeit wurde ich mutiger, und im selben Maße wurde das Beet immer rosafarbener: Es kamen der Fingerhut *Digitalis × mertonensis* und die Präriemalve *Sidalcea* 'Rose Queen' hinzu. Ich liebe die schwankenden Ähren mit den hauchzarten runden Blüten, aber das Rosa war viel zu dominant für eine rote Ziegelmauer. Deshalb sind jetzt nur noch einige wenige Triebe übrig; die meisten habe ich durch weißen *Phlox maculata* 'Omega' mit einem leicht rosafarbenen Auge ersetzt.

Die Wege auf West Green werden von alten, kniehohen Hecken gesäumt. Deshalb habe ich die Beete hier meistens mit hohen Pflanzen bestückt, auf der Rasenseite aber Päonien gesetzt: 'Shirley Temple' mit rosaweißen, kugeligen Blüten und daneben 'Lady Alexandra McDuff', deren fransige dunkelrosa Blüten locker mit weißen Blütenblättern gefüllt sind.

Über dem zartgrünen Laub der rosafarbigen *Dicentra spectabilis* nicken anmutig die herzförmigen Blüten, denen das Tränende Herz seinen Namen verdankt. Dazwischen wächst die weiße Sorte 'Alba'. Auch die rosa *Diascia fetcaniensis* blüht verschwenderisch, und so habe ich sie in die Nähe von Gruppen aus *Hosta plantaginea* var. *japonica* mit ihren süßlich duftenden weißen Blüten gesetzt. Die grüne *Zinnia elegans* 'Envy' rundet dann im Hochsommer das Bild ab.

Das Ganze strahlte Ruhe und die Atmosphäre eines Cottagegartens aus, und doch störte mich etwas daran. Der Stil des Hauses, die Beete, die Staffagebauten – sie alle haben etwas Dramatisches an sich, zu dem das schlichte Rosa einfach nicht so recht passen wollte. Also versuchte ich es mit Laub in Burgunderrot und ähnlichen Farbnuancen, damit das Ganze nicht so kitschig aussah.

Jetzt bilden die weinroten Blätter und Triebe der Gartenmelde *Atriplex hortensis* und die hohen, dicken Stängel und flachen, burgunderroten Blätter von *Angelica gigas* einen dunklen, farbigen Hintergrund zur Bepflanzung am Wegesrand. Niedrige Büschel mit *Heuchera* 'Palace Purple' und 'Pewter Moon', die beide portweinfarbene Blätter haben, leuchten in satten Farben und verleihen der Bepflanzung Tiefe und Dichte. *Monarda* 'Beauty of Cobham' bietet ein Blütenschauspiel in Burgunderrot und Zuckerrosa, Farben, die sich bei dem Geißblatt wiederholen, das über einen Dreifuß rankt. Diese dunkleren Schattierungen lassen das viele Rosa raffinierter wirken.

GEGENÜBER: *Verbascum* 'Jackie' und die Ranunkeln 'Nearly Black' vor schwarzen und rosafarbenen Blüten in Kennerton Green.

LINKS: Die knallrosa Blütenstände der *Sidalcea* 'Rose Queen' in West Green House.

Meine rosafarbenen Favoriten

Digitalis × mertonensis
Ein breiter, erdbeerroter Fingerhut, der bis zu 1,2 m hoch wird. Er liebt nährstoffreichen feuchten Boden und blüht problemlos im Halbschatten von Spätfrühling bis Frühherbst.

***Linaria purpurea* 'Canon Went'**
Dieses Leinkraut ist eine sich selbst aussamende Staude mit hohen, fragilen Ähren, deren kleine blassrosa Blüten wie winzige Löwenmäulchen aussehen. Die Pflanze wird etwa 1 m hoch und blüht den ganzen Sommer lang in der prallen Sonne, aber auch im Halbschatten, und nimmt selbst schlechte Böden nicht übel.

Malus floribunda
Dieser Zierapfel blüht als einer der ersten im Frühjahr. Dann öffnen sich seine kompakten, leuchtend rosa Knospen zu muschelrosa Blüten, deren unzählige Staubfäden Hunderte von Bienen anlocken. Dieser Apfelbaum wird in kühleren Gegenden etwa 10 m hoch und weist im Herbst zwar eine hübsche Färbung auf, bringt aber nur kleine, unbedeutende Früchte hervor.

***Paeonia* 'Sarah Bernhardt'**
Diese große gefüllte Pfingstrose ist schon seit langem sehr beliebt. Ihre Blüten ähneln Kugeln aus fransigen, reinrosa Blütenblättern. Im Hochsommer erscheinen sie üppig an Trieben, die bis zu 1 m hoch werden. Päonien lieben pralle Sonne und guten Boden.

***Papaver orientale* 'Turkish delight'**
Der größte Mohn, den ich je gepflanzt habe. Seine bonbonrosa Blüten werden von kräftigen, behaarten, bis zu 1 m hohen Stängeln getragen. Setzen Sie den Türkenmohn in den hinteren Teil der Rabatte, da nach dem Rückschnitt im Hochsommer große Lücken entstehen.

***Tulipa* 'Webber's Parrot'**
Diese elfenbeinweiße Papageientulpe, die zu den hübschesten pastellfarbigen Tulpen gehört, hat starke gefranste, rosa Ränder, die mauve überhaucht sind und grüne Striche aufweisen. Sie blüht im späten Frühjahr, und die Pflanzen können bis 50 cm hoch werden. Auf West Green überwintere ich diese Tulpen im Freien, aber in kälteren Regionen muss man sie herausnehmen und neue setzen.

***Wisteria floribunda* 'Kuchi-beni'**
Die weißen, leicht rosa überhauchten Blütentrauben werden gut und gern 45 cm lang. In wärmeren Gebieten wächst diese Glyzine kräftig, doch in England dauert es oft mehrere Jahre, bis sie blüht. Setzen Sie sie in die pralle Sonne.

LINKS: Grellrosa Kosmeen haben in der rosa Rabatte auf West Green House ein schönes Plätzchen gefunden.

GEGENÜBER: *Lonicera periclymenum* 'Serotina' und die Alba-Rose 'Königin von Dänemark' fangen in der bonbonrosa Rabatte die Atmosphäre des alten Gartens ein.

Braun

Mit warmen Brauntönen kann man die unterschiedlichsten Rosa- und Kupfertöne bis hin zu warmem Gelb ideal miteinander verbinden. Meine Liebe zu braunen Pflanzen begann, als ich zum ersten Mal die Rose 'Julia's Rose' sah. Diese moderne Teehybride hat die Farbe von Cappuccino und öffnet ihre kupferbraunen Knospen zu großen pergamentartigen Blüten. Unter bestimmten Lichtverhältnissen wirkt sie schiefergrau überhaucht, unter anderen verblichen Kupferrosa.

Ich begann meine Sammlung brauner Pflanzen mit dem Neuseeländer Flachs *Phormium* 'Maori Sunrise', dessen hohe, schwertförmigen, bronzebraunen Blätter leicht rosarot getönt sind, sowie bronzefarbenem Fenchel, der braunes fiedriges Laub hat. Obwohl dieser sich eigenwillig selbst aussamt, wollte ich ihn unbedingt haben. Drei der allerschönsten braun getönten Pflanzen sind Königskerzen, nämlich die hohe kupferfarbene 'Helen Johnson', die etwas blassere 'Cotswold Queen' und die kleinwüchsige, stärker verzweigte 'Jackie', die blass karamellfarben ist und ein dunkleres Auge hat. Ein weiterer Favorit ist der rostrote Fingerhut *Digitalis ferruginea*. Es sieht wunderbar aus, wenn seine hohen Ähren, die dicht mit Tausenden kleiner brauner Glöckchen besetzt sind, hinter den üppigen Blättern der niedrigen *Heuchera* 'Chocolate Ruffles' auftauchen.

Braune Blüten gehören zu den ersten im Frühjahr. Staubig braun gefärbte Nieswurze kommen genau dann zum Vorschein, wenn man meint, der Winter nähme gar kein Ende. *Fritillaria persica* ist eine Mischung aus Weinrot und Dunkelgrünlich-Braun – eine geheimnisvolle Pflanze! Es ist mir nur in kühleren Klimazonen gelungen, sie zu ziehen, obwohl Kaiserkronen in den kühlsten Gegenden Australiens und Südafrikas gedeihen.

Auch Iris gibt es in allen Rostrot- und Braunschattierungen. 'Chocolate Vanilla' präsentiert sich in warmem Braun und Schieferweiß. Sie blüht im Spätfrühjahr und stiehlt allen an-

deren Pflanzen im Beet die Schau. Die Bartiris 'Langport Duchess' hat die Farbe von Milchkaffee und weist muskatfarbige Flecken auf; ich habe sie auf West Green House gepflanzt, aber ihre gedämpften dunklen Farben sind nicht jedermanns Geschmack. Ein weiterer Favorit ist die Sorte 'Holden Clough', deren gelbe Blütenblätter dunkelpurpurn geädert sind und so an die langen bräunlichen Beine einer behaarten Spinne erinnern.

Dunkles Braun sorgt für markante Akzente in einem Gartenbeet. Versuchen Sie nur zum Spaß, zu jeder Jahreszeit ein paar davon im Beet zu integrieren. Beginnen Sie mit *Fritillaria persica* im zeitigen Frühjahr, gefolgt von der Stinkenden Nieswurz *Helleborus foetidus,* schwarzen Liliengewächsen – vielleicht mit der kobraähnlichen, purpur-braun gestreiften *Arisaema triphyllum* – und den dunklen Braun- und Cremetönen der *Iris tuberosa.* Die kahlen Triebe der Korkenzieherhasel *Corylus avellana* 'Contorta' verleihen dem Beet im Winter noch einen zusätzlichen geheimnisvollen Touch.

Braun und Rosa

Ich beschloss, es in beiden Gärten mit einem braunen Gartenbeet zu versuchen, und so pflanzte ich in England und Australien Gruppen der Rose 'Julia's Rose' sowie Stauden und Pflanzen mit bronzefarbenen Blättern. Da das Beet in Australien an der Auffahrt lag, setzte ich zur Abrundung der Kanten 'Antique'-Stiefmütterchen mit goldenen, schwarzen, pergamentfarbenen, braunen und altrosa Gesichtern unter die gestutzten Berberitzenwürfel – dazu erstand ich eine als *Berberis* 'Firecracker' bekannte Sorte, die *B. thunbergii* 'Rose Glow' sehr ähnelt. Über den älteren, trübbronzefarbenen Blättern bringt sie neue, leuchtend rosa gesprenkelte Triebe hervor. Im Frühjahr sahen die Kupfer- und Bronzetöne glänzend und sehr ungewöhnlich gruppiert aus, aber in Mittagong gefielen mir bereits im Hochsommer die verblassten braunen Blätter auf den trockenen braunen Beeten neben dem verbrannten lückigen Rasen überhaupt nicht mehr. Die Rosen hatten durch die Lichtintensität ihre Farbe verloren, und alles wirkte irgendwie deprimierend. Andererseits stellte ich fest, dass die schwarzen und altrosafarbenen Stiefmütterchen an den Stellen, wo sie noch blühten, ihre Farbe an die braunen Blätter daneben weitergaben und diese Pflanzengruppe wieder lebendig werden ließen. Also gewährte ich dem Beet zwölf

VORHERGEHENDE DOPPELSEITE: Einjährige rosafarbene Ranunkeln auf Kennerton Green.

LINKS: Die braune Rose 'Julia's Rose'.

OBEN: Im Sommer schmückt sich *Digitalis ferruginea* mit Tausenden kleiner brauner Glocken.

Monate Gnadenfrist und setzte im Herbst Pflanzen in Schwarz, üppigem Himbeerrot und Weiß zwischen die ungeliebten Brauntöne. Im folgenden Frühjahr schossen die Blütenstände von *Digitalis × mertonensis* durch mein Beet in Australien – die erdbeerfarbenen Fingerhüte drängten sich durch den steifen Neuseeländer Flachs und hoben das Bräunlich-Rosa auf den Blättern hervor, unter denen haufenweise rosafarbene Vergissmeinnicht wuchsen. Die Bartnelke *Dianthus barbatus* 'Nigrescens' drängte sich mit seinen winzigen, samtigen, dunkelroten Blütenköpfen zusammen mit den dunkelroten Nadelkissen von *Scabiosa atropurpurea* 'Ace of Spades' in den Vordergrund. Beide hatte ich recht gewagt in Gruppen von sieben bis elf Pflanzen gesetzt. Man schlug mir ein phantastisches himbeerrot-weißes Löwenmäulchen vor, und zudem experimentierte ich mit einer neuen *Gaura lindheimeri*, deren dunkle Stängel sich unter leuchtend rosafarbenen Schmetterlingsblüten verbargen.

Die strahlende Sommersonne heißerer Regionen zehrt die bronzebraunen Farben aus und lässt sie matt werden. Werden sie jedoch von kräftigrosafarbenen Pflanzen, die die braun getönten Blätter hervorheben, und von ein paar kräftigen fast schwarzen Pflanzen unterstützt, dann erzeugen sie ein sattes Paisleymuster, wie einen braunrosa Brokat. Die Rabatte strahlt dann stillen Glanz aus. Mir ist sie von allen Beeten inzwischen am liebsten.

Braune Gräser

In meinen Gärten fehlt eine Gruppe brauner Pflanzen, und zwar Gräser. Sie mögen in Gärten kühlerer wie auch wärmerer Klimazonen derzeit durchaus der letzte Schrei sein, aber sie gefallen mir einfach nicht. Manchmal mache ich aber trotzdem eine Ausnahme. Jedes Kind in Australien wird davor gewarnt, im Sommer auf dem Land durch hohes braunes Gras zu gehen und in Bambusstöcken oder Pampasgras herumzustochern, denn dort leben Schlangen: hässliche braune oder schwarze oder solche mit kupferfarbenem Kopf und schwarze mit rotem Bauch. Natürlich sind das alles Hirngespinste, aber ich assoziiere Gras immer mit diesen Reptilien. Außerdem sind hohes braunes Gras und Disteln in Hausnähe ein Tabu in ländlichen Gegenden Australiens, da trockenes brennbares Gras förmlich explodiert, wenn es in der Trockenzeit mit Feuer in Berührung kommt. Ganz abgesehen davon finde ich, dass hochwüchsige Grasbüschel nicht in eine klassische Staudenrabatte gehören, da sie vom Stil her nicht hineinpassen und auch den Rhythmus stören. Wenn ich Gräser sehe, möchte ich sie am liebsten sofort ausreißen – für mich sind sie in einer Rabatte deplatziert und überflüssig.

LINKS: Eine lebhafte Rabatte mit ungewöhnlichen Farbkombinationen aus Braun, Rosa und Schwarz auf Kennerton Green.

Braun- und Pfirsichtöne

Damit die Tiefe von Brauntönen optimal zu Geltung kommt, müssen andere Farben in de Nähe sein. Deshalb sah mein braunes Bee in England im ersten Jahr zwar ganz manier lich, aber nicht besonders interessant aus Zwei Sommer lang spielte ich mit Farbkom binationen. Weiß mit Braun erinnerte zu seh an die zweifarbigen Golfschuhe, also ent fernte ich das Weiß. Zu viele schwarze Pflan zen auf einmal wirkten düster; dann versucht ich es mit der zartrosa Englischen Rose 'Heritage', die zwar ganz hübsch, aber viel zu langweilig war. Ich brauchte eine leuchtende Farbe, wie das Glimmen von Glühwürmchen oder die blasse Flamme eines Feuers, wei che warme Pfirsichtöne oder ein nicht zu gel bes Apricot. Pfirsichfarben wirkt in heißen Ge genden zu ätherisch, aber im warmen Lich sieht es mit Braun sehr schön aus.

Schließlich gesellte ich zu den hohen braunen Fingerhüten und Königskerzen *Achillea* 'Sal mon Beauty'. Die flachen Köpfe dieser Schaf garbe erheben sich über gefiederten Blättern die einem Beet, das vorwiegend mit hoch wüchsigen Pflanzen bestückt ist, die dringend benötigte Substanz liefern. Zu solchen »Wol kenkratzern« unter den Pflanzen gehören Steppenkerzen wie *Eremurus robustus* mi seinen dichten Reihen blass pfirsichfarbene Blüten und der dunklere *Eremurus × isabelli nus* 'Cleopatra'. Die Lupine 'Peach' und die pfirsichrosafarbene Bartiris 'Edward of Wind sor' wirken farblich sehr schön, doch die wich tigste Ergänzung zu den ursprünglichen Pflan zen sind die neuen braunen Rosen.

Die Gärtnerei »Bill le Grice Roses« in Norfolk hat Rosen in allen Braunschattierungen im Sortiment, von Ingwer bis Schokolade, eini ge goldüberhaucht, andere mit rosa und schiefergrauen Einsprengseln. Viele sind einen Versuch wert, um herauszufinden, wel che Farben wo am besten zur Geltung kom men. 'Julia's Rose' ist keine kräftig wach sende Sorte, und daher setze ich meistens mehrere Exemplare dicht zusammen und freue mich über die Blüten, die zwischen den Stauden sichtbar werden. Diese Rose ist keine Sensation, sondern eher ein schönes Extra und braucht daher Begleitpflanzen, die ihre Farben reflektieren und intensivieren.

Schafgarben mit ihren hübschen graugrünen farnartigen Blättern sind leicht zu ziehen. Sie machen sich vor allem in größeren Gruppen gut, verdecken viel braune Erde, und die flachen Blütenteller ragen zwischen hochwüchsigen Pflanzen in unterschiedlicher Höhe auf. Versuchen Sie es mit einer Mischung aus terracottafarbenen und orangebraunen Sorten im vorderen Teil einer gelben Rabatte, um diese etwas zu dämpfen.

Ich bin erst vor kurzem auf braune Pflanzen gekommen, doch einige meiner beeindruckendsten Gartenpartien sind mittlerweile in Braun gehalten – mit Brauntönen, die von den Strahlen der tief stehenden Herbstsonne gleichsam indirekt beleuchtet werden von vielen Samenköpfen, schwarzbraunen Fetthennen, silberbraunen Zierlauchkugeln und den rostroten Spitzenrüschen von *Hydrangea paniculata*. Auf Kennerton erhebt sich die farnblättrige Sumpfzypresse *Metasequoia glyptostroboides* wie eine verrostete Pyramide, die ihre Farbe im Lauf der Jahreszeiten von strahlendem Blasslimonengelb über Mittelgrün bis Rostrot wechselt.
Bei meinem ersten Englandaufenthalt empfand ich Hecken aus papierbraunen Weißbuchen als Kulturschock. Sie sahen irgendwie so unordentlich aus, aber jetzt erfreue ich mich an ihrer warmen Farbe.

RECHTS: West Green House: Bald wird das schützende Gitter um den Brunnenkopf nicht mehr zu sehen sein, wenn die Königskerze 'Helen Johnson' sowie *Eremurus robustus* und *Digitalis ferruginea* noch höher werden.

Meine braunen Favoriten

Cosmos atrosanguineus
Oft auch schokoladenbraune Kosmee genannt, ist diese Pflanze angeblich eine Staude, aber ich behandle sie in kühleren Gegenden als Sommerblume. Die Blüte wird bis 40 cm groß, ist schwarzbraun mit rötlichem Glanz und duftet nach Schokolade. Sie braucht nährstoffreichen Boden und Sonne und blüht vom Spätsommer bis in den Herbst hinein.

Digitalis ferruginea
Ein mehrjähriger hellbrauner Fingerhut, der bis 2 m hoch werden kann. Hunderte von winzigen hellbraunen Glöckchen bedecken seine hoch aufragenden Ähren. In warmen Gegenden blüht er ab Spätfrühjahr, in kühleren erst im Hochsommer.

Fritillaria persica
Für mich die geheimnisvollste Gartenpflanze im Frühjahr – wunderschöne schwarzbraune Glocken hängen pyramidenförmig an dünnen Trieben, die bis 1,2 m hoch werden. Diese imposanten Blumen sind von umwerfender Eleganz. Setzen Sie die Persische Kaiserkrone an ein sonniges Fleckchen in nährstoffreichen Boden.

***Iris* 'Chocolate Vanilla'**
Diese Iris wird oft 1,2 m hoch und erinnert mit ihren zwei Farbtönen an einen köstlichen Schokoriegel. Die oberen Blütenblätter sind schieferweiß, die niedrigeren von sattem Schokoladenbraun. Sie blüht Mitte Frühjahr, liebt pralle Sonne und verträgt auch Hitze.

***Rosa* 'Buff Beauty'**
Eine wunderschöne gelbe Moschata-Hybride, deren Knospen sich zu gelbbraunen Blüten öffnen. Ich setze diese Rose gern in Gruppen und unterpflanze sie mit *Verbascum* ' Jackie', was eine schöne Farbkombination ergibt. Die mittelgroßen, halbgefüllten Blüten blühen überreich.

***Rosa* 'Edith Holden'**
Ich bin immer wieder hingerissen von der Palette brauner Rosen, die es inzwischen gibt. 'Edith Holden' ist eine rostbraune Floribunda-Rosa, ein recht kräftiger wachsender Strauch, der einen Platz im vorderen Teil der Rabatte verdient hat. Wie alle Rosen braucht sie nährstoffreichen Boden, damit sie im Sommer ihre ganze Blütenpracht entfalten kann.

***Verbascum* 'Helen Johnson'**
Stellen Sie sich eine senkrechte Linie aus polierten kleinen Kupferschalen vor – so wirkt diese Königskerze mit den erstaunlichen Farben. Die 1,2 m hohen, wie graugrüner Filz wirkenden Triebe bilden den idealen Hintergrund für die Blüten, die dicht gedrängt daran sitzen. Königskerzen blühen den ganzen Sommer lang bis in den Herbst hinein und vertragen auch mageren Boden.

GEGENÜBER: Kennerton Green: Ob während des Krocketspiels noch Zeit bleibt, einen Blick auf die schöne *Iris* 'Chocolate Vanilla' zu werfen?

5 | Grün

»Ihnen waren an jenem heißem Nachmittag die Kühle spendenden Bäume stärker in Erinnerung geblieben als die Blumen.«

Grüne Gärten haben viele Formen. Aus meiner Kindheit fällt mir die Szene ein, als meine Mutter und Großmutter im Hochsommer vom Besuch eines Countrygartens zurückkamen und von den prächtigen Laubbäumen schwärmten, die das Haus umgaben. Ihnen waren an jenem heißen Nachmittag die Kühle spendenden Bäume stärker in Erinnerung geblieben als die Blumen.

Den Countrygarten auf Kennerton Green dominieren die vor etwa fünfzig Jahren gesetzten Bäume. Viele wurden aus einem besonderen Anlass gepflanzt, beispielsweise dem Besuch von Prinzessin Margaret, dem Mittagessen mit einem Kolonialgouverneur oder anlässlich eines Geburtstags. Sie zeigen kontrastierende Grünschattierungen und abwechslungsreiche Formen: Die riesigen limettengrünen Blätter der Paulownie *Paulownia tomentosa* etwa bilden einen scharfen Kontrast zu den angrenzend gepflanzten dunkleren englischen Ulmen, während der phantastische grün-weiße Eschenahorn *Acer negundo* 'Variegatum' neben einem Tulpenbaum *(Liriodendron tulipifera)* mit dunkelgrünen, sattelförmigen Blättern steht, dessen grüne, orange geränderte »Tulpen« aussehen, als hätte man sie kurz in einen Farbkübel getaucht. Die Sumpfzypresse *Metasequoia glyptostroboides* zählt zu den größten Bäumen im Garten. Ihre fedrigen Blätter sind im Frühjahr von blassestem Grün und färben sich im Herbst rostrot. Die älteste Art ist hingegen unbestritten ein *Ginkgo biloba*.

Offiziell beginnt für mich der Frühling, wenn die karmesinroten Knospen des Zierapfels *Malus floribunda* zwischen frischem Grün zu einer Wolke perlrosafarbener Blüten explodieren, die von Tausenden summender Bienen umschwärmt werden. Das Ende des Frühlings läutet dann *Malus ioensis* ein, dessen schalenförmige rosa Blüten den ersten heißen Sommertagen zum Opfer fallen. Die Blätter der Tupelobäume sind im Herbst die Stars, während Amberbäume in Burgunder, Feuerrot und Gelb auflodern.

Wenn ich an andere grüne Gärten denke, stelle ich mir die Riesenbäume vor, die in der viktorianischen Zeit so beliebt waren und in englischen Gärten als exotischer Hintergrund gepflanzt wurden. Oder ich sehe einen Garten mit graugrünen australischen Sträuchern vor mir, eine silber-olivgrüne Mittelmeerlandschaft, das üppige tropische Grün von Kübelpflanzen in einem thailändischen Innenhof oder die ledrigen Elefantenohren der Funkien – in allen Schattierungen von Graugrün bis Limettengrün – als Blickfang in einer europäischen Rabatte.

Es gibt so viele grüne Gärten, und sie alle sind so verschieden in Bezug auf ihr Konzept und ihre geografische Lage. Für viele Menschen symbolisieren grüne Gärten die ruhmreiche Zeit Frankreichs, zum Beispiel in Vaux le Vicomte oder Versailles, wo die Touristen trotz schneidendem Wind oder stechender Sonne ehrfurchtsvoll die eindrucksvollen Gras-, Hecken- und Waldflächen bestaunen.

Ich war entzückt, als ich das kleine Parterre auf West Green House entdeckte. In seiner Gestaltung wies es Elemente der prächtigen Barockgärten auf, und manchmal stelle ich mir vor, wie die Perücken und roten Absätze feiner Herrschaften das viele Grün mit Farbtupfern beleben. Dabei gehen grüne Gärten mit Formschnittpflanzen bereits auf die klassische Antike zurück: Plinius der Jüngere beschrieb schon im ersten Jahrhundert vor Christus voller Stolz seine Villa: »Vor der Kolonnade befindet sich eine Terrasse mit Buchshecken in verschiedenen Formen. Daran schließt eine Böschung an, die ebenfalls mit Tierfiguren geschmückt ist ...«

LINKS: Die Parterregärten auf West Green House erinnern an längst vergangene Zeiten.

RECHTS: Kerzengerade erheben sich die Hainbuchen in dieser doppelreihigen Allee über den Buchshecken von West Green House.

VORHERGEHENDE DOPPELSEITE: Die Tulpe 'Spring Green'.

Grüne Strukturbildner

Das kleine Parterre auf West Green sieht mit seinen Herzformen sehr romantisch aus. Hier stehen Formschnittbäumchen in Form von Kegeln und Hochstämmchen inmitten niedriger Buchshecken. Die ornamentierte Fläche von 19 x 12 m ist von efeuüberwucherten Ziegelmauern umgeben, an denen im Frühling und Sommer weiße Blumen blühen. Der heutige Entwurf stammt von Robert Weir Schulz aus der Zeit um 1898. Ursprünglich standen hier Rosen, aber die gibt es schon lange nicht mehr. Stattdessen sieht man dort heute grüne Hecken und weißen Kies. Es ist ein Garten, der von geometrisch geordneter Ruhe lebt und dessen beruhigendes Grün auf den Betrachter zeitlos, romantisch und friedvoll wirkt. Sechs dunkelgrüne, pfeilgerade Stechpalmen lenken den Blick hinter die Innenmauer auf ein zweites umfriedetes Parterre, das ebenfalls schlicht gestaltet ist. Aus zweiundzwanzig in den Boden eingelassenen, von sauber gestutzten Buchshecken umfriedeten Zinkwannen ragen dunkelgrüne Seerosenblätter, zwischen denen im Sommer strahlend weiße Blüten erscheinen.

Wenn Sie ein Parterre in einem von hohen Mauern oder Hecken umschlossenen Bereich anlegen wollen, müssen Sie die Höhe der Pflanzen abstufen, damit es interessant und ausgewogen wirkt. In meinem Seerosenparterre habe ich gestutzte Eiben und Kugelbäumchen aus kompakten Stechpalmen gesetzt, deren unterschiedliche Höhe das Auge von den hohen Ziegelmauern allmählich zu den von Hecken eingefassten Teichen im sauber gerechten Kies hinab führen. Die Kontraste zwischen den Texturen und den unterschiedlichen Grünschattierungen werden von den kleinen, spiegelglatten Wasserflächen aufgefangen, die von sauber geschnittenen Buchshecken eingefasst sind.

GEGENÜBER: In zwischen Buchshecken eingelassenen Zinkwannen blühen reinweiße Seerosen.

GANZ OBEN RECHTS: Parterres waren früher ein beliebtes Element in amerikanischen Gärten. Dieses hier wurde angelegt, um das grelle Gleißen des weißen Kieses zu mindern.

OBEN: Dieser Pavillon im Seerosenparterre bietet einer Schar gackernder Hühner und stolzen Hähnen Unterschlupf.

OBEN LINKS: Zu Kugelbäumchen gestutzte Stechpalmen reflektieren mit ihren glänzenden Blättern das Licht.

UNTEN LINKS: Trotz hoher Mauern erhält dieser Garten in Hampshire Licht durch die weißen Lilien.

Formale Formen auflockern

Ummauerte Einfriedungen wirken bisweilen ziemlich starr. Deshalb versuche ich, die allzu große Strenge, die hohe Ziegelmauern, harter Kies und die exakt gestutzten Linien vermitteln, zu durchbrechen, damit solch ein abgegrenzter Raum etwas mehr Licht erhält. Dazu habe ich die Mauern mit weißen Rosen – der Kletterrose 'Long John Silver' und den wuchskräftigen Ramblern 'Seagull' und 'Sanders' White Rambler' – drapiert. In den schmalen Rabattenbeeten am Fuß der Mauern stehen jetzt ausschließlich weiße Blumen sowie im Frühjahr grüne und weiße Tulpen, auf die weiße Pfingstrosen und Lilien folgen, die dem Ganzen etwas Glanz verleihen.

Als erste Lilie kommt bei mir die reinweiße Asiatische Lilie 'Mont Blanc' im Frühsommer zur Blüte, gefolgt von weißen Königslilien. *L. regale* erfreuen mich bis in den Hochsommer hinein, und Orientalische Hybriden wie die reinweiße 'Casa Blanca' setzen das Thema in der Rabatte fort. Vom Spätsommer bis zum Herbst vervollständigen Tigerlilien wie die cremeweiße 'Sweet Surrender' das Thema der den ganzen Sommer andauernden Blüte dieser exotischen Blumen.

An sämtlichen noch freien Stellen in den Beeten habe ich den Ziertabak 'Lime Green' gepflanzt, dessen einfache sternförmige Blüten unter den dramatischen Lilien wirkungsvoll hervorleuchten.

In meiner Liebe zur Geometrie muss ich mich stets etwas zurückhalten, da ich eher zu strengen Formen neige. Ein ausgleichendes Element in dieser Hinsicht bilden die Bewohner eines schicken Hühnerhauses, das als Zugeständnis an die Romantik am Ende des Gartens steht. Unter seiner auffällig gestreiften Markise geben sich gackernde Hennen und stolze Hähne ein Stelldichein. Der Kontrast zwischen diesem witzigen Hühnerstall und dem edlen Parterre könnte größer nicht sein. Und doch erinnert das Ganze an das spielerische Element klassischer Gärten und fügt sich in jeglicher Hinsicht harmonisch in das Gesamtbild ein.

Es beeindruckt mich immer sehr, wenn ich an einem Sommertag das glänzende Grün von Buchs, Stechpalme oder hohen Lilienblättern sehe, denn sie sind für mich die ideale Ergänzung zu wachsweißen Blüten. Experimentieren Sie in einem kleinen modernen Parterre einmal mit der Blume der großen Modeschöpferin Coco Chanel, der herbstblühenden weißen Kamelie *Camellia sasanqua* mit ihren ledrigen, dunklen, glänzenden Blättern, die sich hervorragend zu Hecken stutzen lassen. In Mitteleuropa lassen sie sich allerdings nur im Kübel halten. Miniatursorten wie *C. sasanqua* 'Little Liane' ergeben phantastische kleinblättrige Hecken, die im Herbst und Frühwinter mit kompakten weißen Blüten übersät sind. In frostfreien Gebieten könnten Sie außerdem Gardenienhecken pflanzen und sich dann nicht nur an deren glänzendgrüner Wirkung, sondern auch an wunderbar duftenden Blüten erfreuen.

Kontrastierende Parterres

Ein australisches Cottage ähnelt einem amerikanischen Bauernhaus vor der Revolution. Als ich hier ein Parterre anlegte, ging ich ganz unbewusst genauso vor wie die amerikanischen Siedler bei ihren kleinen Bauerngärten. Mein Parterre ist ein schlichtes, 8×4 m großes Rechteck aus Buchshecken, in das ich in regelmäßigen Abständen Buchsbaumkugeln und -kegel gesetzt habe, und das durch diagonal verlaufende, geschwungene Linien in Viertel unterteilt wird. In einer Schale in der Mitte sitzt ein unbekannter Formschnittvogel – vielleicht ein Pfau oder eine Fächerschwanztaube – aus *Muehlenbeckia,* einer feinblättrigen, schnell wachsenden Kriechpflanze, die man nur als Kübelpflanze im Zaum halten kann. Hier füllt sie eine Drahtkonstruktion und gibt dadurch der ganzen formalen Anlage eine schrulligen Anstrich. Ich habe festgestellt, dass das schlichte Parterre dem Hauseingang einen raffinierten grün-weißen Zauber verleiht, denn der dunkelgrüne Buchs schluckt das Licht und nimmt dem umgebenden grellen Kies die Härte.

Viele Gärtner meiden Buchs, weil sie meinen, er wachse zu langsam und sei in der Pflege anspruchsvoll. Aber das stimmt nicht. Buchs ist eine außergewöhnliche Pflanze, die sowohl in subtropischen als auch kühleren Gegenden heimisch wird. Unabhängig von der Jahreszeit setzt er im Garten grüne Akzente, die immer gut wirken. Ich halte den »gewöhnlichen« Buchs *(Buxus sempervirens)* mit seinen kleinen, etwas spitzen Blättern für die geeignetste Pflanze für exakt zugeschnittene Beeteinfassungen und Parterres. Die japanische Form *B. microphylla* var. *japonica* wächst schneller und wird auch höher. Sie hat größere, gerundete Blätter, die jung ziemlich grellgrün sind, im Alter aber nachdunkeln. Sparen Sie sich diese Pflanze für höhere Hecken auf, denn sonst sieht nach dem Schnitt jedes Blatt aus, als hätte man es in der Mitte auseinander geschnitten. In wärmeren Gegenden wird der Zwergbuchs *(B. sempervirens* 'Suffruticosa') immer beliebter, da er sehr pflegeleicht ist.

Die Anlage eines Parterres ist für einen traditionellen australischen Garten ungewöhnlich. Damit ein einheitliches Bild entstand, mussten auch die umgebenden Beete formalisiert und mit Buchs eingefasst werden. Zur einen Seite hin trennte ich die Rabatten mit zickzackförmig gesetztem Buchs und zurechtgestutzten Kugeln aus Klebsamen *(Pittosporum tenuifolium),* Strauchveronika *(Hebe),* Heiligenkraut, *Teucrium fruticans* und Rosmarin ab. Auf der zweiten Seite nahm ich den formalen Aspekt mit 'Granny Smith'-Spalieräpfeln an frei stehenden Spalieren auf, und legte an der dritten Seite ein langes Muster aus verschlungenen Dreiecken an, in die ich zickzackförmig aromatischen graugrünen Rosmarin und Lavendel pflanzte. Alles zusammen ergibt einen ganzjährigen Teppich aus Mauve und Blau und somit ein dekoratives Muster für diesen trockenen Gartenbereich unter der sengenden australischen Sonne.

Pflanzen mit graugrünem Laub sind oft die hitzeverträglichsten und eignen sich ideal für trockene Einfassungen und Terrassen, wo sie kein Schattendasein führen müssen. Aus verschiedenen dürreverträglichen Mittelmeersträuchern und -stauden kann mit einer kleinen Heckenschere ein ganz raffinierter Garten entstehen. Setzen Sie gruppenweise Ihre graugrünen Lieblingspflanzen, vielleicht Zistrose, Rosmarin, Lavendel, Gamander, Heiligenkraut und Beifuß, und schneiden Sie sie rund oder kegelförmig zu. Mit unterschiedlichen Höhen von 50 cm bis 1 m und ein bis zwei etwas höheren Pflanzen wird daraus eine Skulptur, ein Garten, dessen elegante Formen und Texturen harmonische Übergänge von weichem Licht zu schattigen Bereichen schaffen.

GEGENÜBER Ab Hochsommer dominieren in den alten Rabatten auf West Green House vorwiegend grüne und weiße Pflanzen.

UNTEN: Durch den in Korkenzieherform gestutzten Buchs erhält der Garten Höhe, Form und Struktur

Muster in mattem Grün

Jenseits des ursprünglichen Gartens von Kennerton Green lag ein kleines Feld, das nur wenig kleiner war als ein Bowling-Green, aber doch breit genug für einen Rasentennisplatz. Es war völlig umschlossen von den verschiedenartigsten Zypressen, die alle mindestens 7 m hoch waren und dicht genug standen, um in den Wintermonaten als Windbrecher zu dienen. Ich beschloss, dort ein modernes Parterre, einen grünen Garten mit unterschiedlichen Formen und Texturen anzulegen, um ein kühles Plätzchen zu schaffen. Die bekannte australische Pflanzenzüchterin Joan Arnold besaß eine Sammlung von ungefähr 80 Lorbeerbäumen *(Laurus nobilis)*, auf die ich schon lange spekuliert hatte. Einige waren zu Korkenziehern, andere gerade gezogen, und alle circa 1,5 m hoch. Diese Idee wurde zur Grundlage meines Lorbeergartens.

Bei meinem ersten Plan stützte ich mich auf einen französischen Garten, den ich in einer Zeitschrift gesehen hatte: ein Hofgelände mit Quadraten, die jeweils einer einzelnen Pflanzensorte gewidmet waren. Mein Entwurf sah ein Gitter aus acht gleich großen länglichen Beeten vor, die mit Buchs eingefasst waren. Diese Beete wiederum wurden an den Längsseiten von je einer Reihe Lorbeerbäume gesäumt, die ich zu 1,75 m hohen Kugelbäumchen stutzte und mit einem Buchsbaumring umgab. Einen bereits vorhandenen 3 m hohen Lorbeerbaum, den ich hinter dem Hühnerstall entdeckt hatte, grub ich aus, setzte ihn in die Mitte und legte rings um den Stamm eine kreisförmige Fläche mit Buchs an, die einen Durchmesser von 3 m bzw. einen Umfang von 12 m hatte.

Sofern Sie nicht auf viele fleißige Gartenhelfer zählen können, sollten Sie ein Parterre einfach gestalten. Einige Ideen, z. B. der gestutzte Lorbeerbaum im Buchskreis, wirken in kleinem Maßstab viel besser – bei 80 Bäumen geht er unter, aber als Mittelpunkt eines kleinen Parterres oder als Solitärpflanze macht er sich in einem kleinen Garten grandios.

Lorbeer und Buchs sind zähe Pflanzen, die das ganze Jahr über tadellos aussehen. Sie sind ideal geeignet für viel beschäftigte Hobbygärtner, die nur wenig Zeit für die Gartenpflege erübrigen können. Eine Formschnittpflanze muss man zwar von Zeit zu Zeit nachschneiden, aber fünf gestutzte, mit Buchs eingefasste und kreuzförmig gepflanzte Lorbeerbäume sind selbst für einen Reihenhausgarten keine schlechte Lösung. Mit einer Einfassung aus Stein, Terrakotta oder Kies ergibt dies einen pflegeleichten aber extrem wirkungsvollen Blickfang. Als Abschluss würde ich eine grüne Hecke empfehlen, z. B. aus Orangenblume *(Choisya ternata)*.

In die acht Beete wollte ich weiße Margeriten setzen, aber der Wind war zu stark und hob sie wie Seegras aus der Erde. Derzeit plane ich eine Bepflanzung, die zu jeder Jahreszeit blüht. Sie beginnt mit der Tulpe 'Maureen', deren Blüten zunächst cremefarben sind und dann zu Weiß verblassen; dann folgen weiße Ranunkeln, weiße Akelei, Margeriten und der Bartfaden *Penstemon* 'White Bedder'. Seinen Höhepunkt erlebt der Garten im Hochsommer, wenn Hunderte von Osterlilien *(Lilium longiflorum)* ihre weißen, stark duftenden Trompeten entfalten. Aber am schönsten ist das Spiel des Lichts auf den Grüntönen. Tagsüber herrscht der Eindruck von Frische vor, und ab Spätnachmittag tritt das stimmungsvolle Muster formbetonter Schatten in den Vordergrund.

Der Lorbeergarten besteht vorwiegend aus matten Grüntönen, den 81 runden Lorbeerbäumchen und dem stumpfen Graugrün der Zypressen, und wirkt somit völlig anders als mein glanzvolles geometrisches Parterre in England. Ein bisschen funkelndes Licht braucht aber auch er, das ich mit Wasser in einem langen Kanal erzeuge: eine Wassertreppe, die das Weiß-Blau des Himmels einfängt und den mattgrünen Hintergrund aufhellt.

Stumpfes Grün lässt sich in Sonne wie Schatten mit einem Band aus grünen Blättern mit weißen Flecken zum Leuchten bringen. Experimentieren Sie mit dem Efeu *Hedera helix* 'Glacier' oder einem Teppich aus leuchtend weißen Blumen. Das mehrjährige Hornveilchen *Viola cornuta* 'Lambley White' blüht von Frühling bis Herbst. Mit seinen fröhlichen runden weißen Gesichtern fühlt es sich in kühlen und weniger gemäßigten Klimazonen wohl und leidet auch unter der hochsommerlichen Sonne nicht.

LINKS: In meinem Lorbeergarten auf Kennerton Green gibt es die unterschiedlichsten Grünschattierungen.

GEGENÜBER: In der Spätsommerrabatte steht auch diese *Echinacea purpurea* 'White Swan'.

»... ab Spätnachmittag tritt das stimmungsvolle Muster formbetonter Schatten in den Vordergrund.«

OBEN: Ein Spalierapfel der Sorte 'Granny Smith' in voller Blüte.

RECHTS: Die limettengrüne *Euphorbia amygdaloides* ist in jedem in Grün gehaltenen Beet ein Blickfang.

GEGENÜBER: Die Stinkende Nieswurz *(Helleborus foetidus)* sorgt in einem reingrünen Garten für die nötigen Texturkontraste.

VORHERGEHENDE DOPPELSEITE: Die ersten weißen Blüten im Winter: Mutig spitzen die Schneeglöckchen aus der gefrorenen Erde auf West Green House.

Helle Grünschattierungen

Es gibt viele grüne Pflanzen, die sich als Lückenfüller im Garten eignen. Unterschätzen Sie nicht den exquisiten Effekt von Grün auf Grün. *Helleborus angustifolius* 'Corsicus' steuert ein hartes Hellgrün bei, und Tuffs aus *Alchemilla mollis* ergeben eine Wolke gelbgrüner Blüten über attraktivem, graugrünem Laub, was in kühlen Gärten einfach wunderschön wirkt. Falls das Klima es erlaubt, könnte auch die Schopflilie *Eucomis bicolor* hübsch aussehen, die im Spätsommer blüht. Auf den dicken Trieben stehen hellgrüne, von Blättern gekrönte Blüten, die an den Schopf einer Ananas erinnern! Nur grüne Pflanzen können in Farbschattierungen wie Hellgrün, Graugrün oder Dunkelgrün glänzen und hinterlassen durch ihre Textur einen Eindruck von Frische.

Das Spiel von Grün auf Grün, von Laub auf Rasen, kann viel subtiler sein als traditionelle grüne Parterres, die mit Kies eingefasst sind. In kühlen Klimaregionen ist es sehr wirkungsvoll, die Beete eines Parterres mit großen Tuffs grüner Funkien zu bepflanzen, da ihre Form und Textur den Eindruck von Kühle noch verstärken. Ich persönlich bevorzuge hier *Hosta plantaginea* var. *japonica,* die mit ihren wachsartigen, blassgrünen Blättern und den duftenden weißen Blüten sehr heiter wirkt.

Ein Parterre wie aus dem Lehrbuch

»Wenn Sie einen Garten in England eröffnen, brauchen Sie ein Teezimmer«, sagte man mir. Eine grauenvolle Vorstellung, denn Kuchenbacken war für mich schon immer ein Albtraum. Ich denke, dieses Gespräch fand statt, als ich den oberen ummauerten Garten auf West Green House zum ersten Mal sah. Hinter den hohen Mauern erstreckte sich nämlich damals ein Swimmingpool, der kurz vor dem völligen Verfall stand: Er war mit Schutt angefüllt, und aus den Betonritzen quollen Unkraut und Unrat. Das dachlose marode Gartenhäuschen neben diesem feuchten Loch ließ das Ganze noch trostloser aussehen, und deshalb wollte ich das Tor, das in den alten Obstbaumgarten führte und durch das künftige Besucher eintreten würden, zwei Jahre lang fest verschlossen halten.

Ich bin nicht sicher, woher die Inspiration zu diesem Gartenteil kam. Vielleicht war es die quälende Sorge darüber, was ich mit dem hässlichen Swimmingpool anfangen sollte, vielleicht auch der abschreckende Gedanke daran, Tee zu servieren – jedenfalls näherte ich mich allmählich wie Alice dem Ende des Tunnels. Ich erinnerte mich an Lewis Carrolls wunderschöne Geschichte und wusste auf einmal, dass mein neuer Garten ein Alice-Garten werden sollte, ein wunderschöner Ort für den Fünf-Uhr-Tee des verrückten Hutmachers. .»Unter dem Baum vor dem Haus wurde ein Tisch aufgestellt, und der Märzhase und der Hutmacher tranken dort Tee. Eine Haselmaus hockte zwischen ihnen und schlief fest.«

Diese Geschichte inspirierte mich dazu, den alten Schuppen in eine »Küche« zu verwandeln und aus dem Swimmingpool einen Atriumgarten zu machen, der klare, aber einfache Elemente aufwies, nur eine begrenzte Zahl von Pflanzen enthielt und sich farblich an den Rosen in der Geschichte orientierte. Dadurch entstand eine kindhafte Atmosphäre, aus reiner Freude an den Eindrücken dieser typisch englischen Geschichte – genau das richtige Plätzchen, um nach traditioneller englischer Art seinen Tee einzunehmen.

Da alle ummauerten Gärten auf West Green House im Grunde genommen formale Parterres sind, sollte auch dieser Garten so angelegt werden, wobei ich dem bestehenden Garten wie immer ein Mitspracherecht einräumte. Das neueste Parterre gleicht einem Schachbrett, dessen Kies-Quadrate mit Buchs eingefasst sind. Er liegt etwas abgesenkt, so dass die Besucher dort sitzen und Formschnittfiguren wie das Weiße Kaninchen, den Hutmacher, eine Teekanne und die Raupe betrachten können, die auf einem Pilz hockt und Wasserpfeife raucht. Die liebevoll gearbeiteten Drahtgitter in den buchsgerahmten Quadraten füllen sich nach und nach mit Buchs oder zartem Efeu.

Kein Alice-im-Wunderland-Garten wäre vollständig ohne eine Anspielung auf die Königin. Deshalb ist das Schachbrett auf drei Seiten von Hochstammrosen eingefasst, der roten Floribunda-Rose 'Remembrance' und der leuchtendweißen 'Saint John', zu denen mir der Rosenzüchter Peter Harkness geraten hat. Unter den Rosen stehen die Schachbauern aus Buchs in Form von Kugeln, Spiralen, Kegeln, Tieren und Vögeln, und das Erdreich ist von silbernen Pflanzen bedeckt, die auf dem trockenen Kies überleben können. Um dessen kahle Wirkung zu mildern, habe ich die Nelken 'Devon General' zu den roten und 'Devon Dove' zu den weißen Rosen gesetzt. Die Sommerblume *Senecio maritima* 'Silver Dust' treibt in der warmen Jahreszeit lange Büschel spitzenartiger silbergrauer Blätter, und in allen Ritzen haben sich *Alyssum* 'Snow Carpet' und Erdbeerpflanzen angesiedelt, die neben leuchtend roten Teetischen einladend aussehen. Entlang der Mauern stehen rote und weiße Rosen, die dunkelrote Kletterrose 'Dublin Bay' und die reinweiße 'White Cloud'. Über das Tor ranken sich üppige Rosenbüsche: die gefüllte blutrote 'Lilli Marleen' und altweiße Rugosa-Rosen mit ihren schlichteren Blüten, die ich hierher verpflanzt habe.

»... näherte ich mich wie Alice dem Ende des Tunnels ...«

LINKS UND UNTEN: Bald hat der neu gepflanzte Buchs des Alice-Gartens von West Green House die Drahtformen des Hutmachers und der Teekanne ausgefüllt.

GEGENÜBER: Im Alice-Garten stehen praktisch nur rote Blumen – Rosen, Lilien, Clematis, Päonien und Nelken.

Alles wird überragt von der 2,5 m hohen »Königin«, bei der der Buchs immerhin schon den Rock ausfüllt und die mit dem Finger auf die Gäste deutet.

Um den Alice-Effekt möglichst wirklichkeitsgetreu nachzuahmen, musste ich mir überlegen, wie ich in meine neu entstandenen Gärten die vielen roten Blumen einfügen konnte, die mir aus den Katalogen entgegenleuchteten. Also habe ich rings um die Teetische für den Hochsommer einen Garten mit Topf- und Kübelpflanzen in den dunkelsten Rottönen angelegt, unter anderem Eisenkraut 'Lawrence Johnston', *Nicotiana* × *sanderae* und *Pelargonium* 'Lord Bute'. Die Pflanzgefäße in der Mitte sind übervoll bestückt mit dem dunklen Gartenlöwenmaul *Antirrhinium majus* 'Black Prince', und die Bartnelke 'Nigrescens' prangt neben Töpfen mit weißen Blumen.

Bei meinem ersten Aufenthalt auf West Green House schnitten wir die alten Buchshecken scharf zurück, um die vorhandenen Parterres zu sanieren. Innerhalb von vier Jahren wurden sie so kräftig, dass ich mein Schachbrett bepflanzen konnte. Und so harmoniert dieser neue Garten nun in jeder Hinsicht völlig mit den bereits vorhandenen Parterres. Aber am meisten Glück habe ich mit meiner Nachbarin, die mich vom Albtraum des Fünf-Uhr-Tees erlöste. Sie organisiert nämlich alles wunderbar und ergötzt unsere Besucher mit Anekdoten über Alice – denn ihre Großmutter war die echte Alice!

Grüne Blüten als Lichtpunkte

Zwar setze ich in meinem Garten Grün hauptsächlich als Strukturgeber ein, doch läuft auch die lange weiße Rabatte auf Kennerton Green am Ende in einem Bogen aus grünen Blumen aus. Diese neu angelegte Rabatte ist 150 m lang und wird von fünfzigjährigen Bäumen dominiert, die sehr dichten Schatten werfen, kaum Wasser durchlassen und gierig auf ihre jährliche Mulchgabe warten. Vielleicht strapaziere ich Ihre Phantasie ein bisschen zu sehr, da »grüne« Blumen oft eine Verbindung aus Weiß, Grün, Gelbgrün und Gelb sind, aber miteinander kombiniert ergeben sie Schattierungen von grünen Lichtflecken. In tiefem Schatten sehen grüne Blumen durchaus saftig und transparent aus, denn Lindgrün hellt selbst dunkelste Ecken auf.

Seit langem versuche ich, die zauberhafte grüne *Alchemilla mollis* zu ziehen, ohne die kein englischer Gärtner auskommt, aber in sonnigeren Regionen ist es dem Frauenmantel einfach zu heiß. Doch hat sich am Rand der Rabatte dankenswerterweise *Euphorbium polychroma* breit gemacht, dessen wunderschöne, intensiv lindgrüne Polster bis zum Herbst halten. In ihrem Schatten wachsen das ganze Jahr über große Gruppen blassgrüner Strohblumen *(Helichrysum)*, leuchtende Bodendecker, die einen phantastischen Hintergrund für die Taglilien *Hemerocallis* 'Missouri Beauty' mit ihren zitronengelben, grün geflammten Blüten ergeben.

Limettengrün besticht im Schatten durch intensives kühles Leuchten. Die Blasenspiere *Physocarpus opulifolius* 'Dart's Gold' mit ihren sorbetgrünen Blättern gedeiht selbst in den düstersten Ecken, ebenso *Garrya elliptica*, die perfekt in jeden Garten passt und im zeitigen Frühjahr mit ihren langen, gelblich-grünen Kätzchen über schwefelgelben Narzissen besonders schön aussieht.

Wo immer es geht, greife ich im Garten gern Blumen und Themen wieder auf, indem ich in verschiedene Rabatten dieselben Begleitpflanzen setze. Dazu gehört die Binsenlilie *Sisyrinchium striatum* mit ihren cremefarbenen Blüten. Um Bartiris gruppiert, harmonisiert sie Farben und Formen und setzt die Reihe blühender schwertförmiger Pflanzen im Frühjahr und Sommer fort. Es gibt eigentlich keine richtig grüne Bartiris, aber cremeweiße, grün geäderte Sorten wie 'Celestial Ballet' oder weiße mit hell zitronengelben Hängeblättern bzw. grünen Tupfen wie die Zwergiris 'Green Spot' erfüllen durchaus denselben Zweck.

Man könnte sich neun Monate lang an den Farben Grün und Weiß erfreuen, angefangen bei *Galanthus-nivalis*-Sorten und den blassgrünen Blüten von *Helleborus foetidus*, die vom Spätwinter bis ins Frühjahr hinein blühen. Diese Pflanzen mit ihren stark zerteilten Blättern bilden riesige dunkle Tuffs. Ebenfalls grün-weiße glockenförmige Blüten haben *Allium triquetrum* mit seinen nickenden Glocken und die Tulpe 'Spring Green', die im Frühling keinesfalls fehlen darf. Setzen Sie diese Reihe fort mit kleinen Büscheln aus *Astrantia major* ssp. *involucrata* 'Shaggy' mit ihrer spitzen Halskrause grüner Tragblätter, weißer Mitte und gesprenkelten grünen Büscheln winziger Blüten.

Natürlich setze ich auch grüne Sommerblumen ein: Im vorderen Teil der Rabatte stehen die eisgrün und weiße *Euphorbia marginata*, eine buschige Wolfsmilch, deren obere Blätter weiß-grün gestreift sind, die hellgrünen Triebe des Ziertabaks 'Starship' und die großen Blüten der *Zinnia elegans*, die im Sommer grüne Akzente setzen.

LINKS: Ein grüner Garten entsteht ganz einfach durch geschickte Anordnung von Rasen und Bäumen. Das idyllische Green Theatre auf West Green House ist ein schönes Beispiel.

Dahinter stehen die hohen Ähren der irischgrünen Glocken der Muschelblume *Moluccella laevis.* Zu ihnen habe ich den Purpur-Sonnenhut *Echinacea purpurea* 'White Swan' in den hinteren Teil der Rabatte gepflanzt; er ist zwar weiß, wirkt aber schon ab Herbst eher grünlich-weiß. In der Mitte hat er zunächst einen grünen Kegel, der sich im Alter braun verfärbt. Seine bezaubernden strahlenförmigen Blüten finden in den hohen, aufrecht stehenden Zinnien eine Fortsetzung.

Diese Farben wiederum spiegeln sich in den grünlich-cremefarbenen Blüten von *Pieris japonica* 'Temple Bells' wider, deren bronzegrüne Blätter wie Chinalack glänzen und in dunklen Ecken das Licht einfangen und reflektieren. An der tiefsten und kühlsten Stelle meiner grünen Rabatte steht eine Gruppe üppig grüner, exotischer Kallas *(Zantedeschia aethiopica* 'Green Goddess'), deren stilisierte Blüten Floristen gern für Arrangements verwenden. Wenn sich ihre phantastischen grünen Blütenkolben mit den großflächigen weißen Hüllblättern entfalten, reflektieren auch sie das vorhandene Licht.

Weit oben bildet die hohe Baumkrone ab Hochsommer den ersehnten tiefen Schatten. Hier machen sich jeden Tag Schwärme kreischender Gelbhaubenkakadus, die leuchtend rot-grünen Königssittiche sowie die bunten Rosella-Sittiche einen Spaß daraus, einen Ast ins Visier zu nehmen und alle Blätter und Zweige abzufressen. Und wenn die großen nachtschwarzen Kakadus in den Garten einfallen, gehe selbst ich schnell in Deckung, denn dann regnet es Zapfen und kleinere Äste.

Das Kühle und Schatten spendende Blätterdach besteht aus einer ganzen Reihe von Bäumen, zu denen die Zimmertannen *Araucaria heterophylla* und die Platane *Platanus × hispanica* gehören, die alle gut 30 m hoch werden. Dicht nebeneinander gepflanzte Magnolien *(Magnolia denudata)* sowie Gruppen von Veitchs Tannen *(Abies veitchii)* und Atlaszedern *(Cedrus atlantica)* bilden mit ihren ausladenden Kronen ein dichtes grünes Dach. Die Bergulme *Ulmus glabra* 'Lutescens' erfreu zudem durch ihre schöne Färbung, aber set zen Sie sie bloß nicht in die Nähe eines Hau ses, denn ihre zartgrünen Blüten dringen i jeden Hausflur und verstopfen jeden Abfluss Zwei spektakulären Pflanzen kommt diese Baldachin, der für trockenem Schatten sorgt sehr entgegen: Dem Kalifornischen Baum mohn *Romneya coulteri* mit seinen auffallen den weißen Schalen aus krepppapierähn lichen, um eine goldene Mitte angeordneter Blütenblättern; er gedeiht prächtig in kiesi gem trockenen Boden. Vom Erfolg überwäl tigt, habe ich hier gleich fünf oder sechs Ex emplare gesetzt, deren unzählige Blüten der Farbhöhepunkt des Sommers darstellen. Und dem graublättrigen Natternkopf *Echium pi ninana* mit seiner riesigen Kerze aus blauer Blüten, die oft bis zu 1 m hoch wird. Im Frühjahr reckt er sich dem Licht zu und gehört, gruppenweise gesetzt, zu den Pflanzen, die dem Garten am nachhaltigsten Struktur verleihen.

Im Winter wird das Licht von den glänzender Blättern und Blüten der *Gordonia axillaris* reflektiert, deren runde Blüten genau wie pochierte Eier aussehen. Geschützt vor Frösten, wie sie im Landesinneren herrschen, ist dieser kleine, immergrüne Baum (in kühleren Gegenden wächst er als Strauch) mit seinen vollendeten Proportionen ideal für küstennahe Stadtgärten oder kleine Gärten geeignet. Auch Kamelien mögen den trockenen Schatten: Die große Sorte 'White Nun' mit den wachsartigen Blättern und Blüten ziehe ich an einem Spalier, das eine Trennwand zwischen zwei Ginkgos *(Ginkgo biloba)* und einem Tulpenbaum *(Liriodendron tulipifera)* bildet. Auf diese Weise entsteht durch das grüne Laub eine intime Atmosphäre, und im Frühjahr wenden sich die Blüten dem ersten Licht zu und sehen einen geradewegs an.

In den letzten Sommermonaten sind alle Gärten auf der südlichen Halbkugel vorwiegend grün. Die oft schon etwas graubraunen, staubigen und müden Blätter hängen matt herab und warten auf die ersten kühlen Tage, um sich dann herbstlich rot und golden zu verfärben. Viele krautige Pflanzen erscheinen ausgelaugt und werden zurückgeschnitten, und die Stauden sind zu eintönigen grünen Polstern in langen Rabatten verkommen. Das ist der Augenblick, an dem meiner Meinung nach Formschnittpflanzen durch ihre – geometrische oder witzige – Form etwas Leben in den Garten bringen können.

Buchs, Stechpalme und *Viburnum × burkwoodii* setzen glänzende Akzente, besonders nach einem Sommergewitter, wenn Regentropfen auf den Blättern liegen. Die immergrüne Heckenkirsche *Lonicera nitida,* »der Buchsbaum des armen Mannes«, Lorbeer und die matteren Efeublätter ergeben wiederum einen Hintergrund für Sträucher mit glänzendem oder panaschiertem Laub.

Im Spätsommer entsteht mitunter eine Lücke zwischen einem früher blühenden Teil des Beetes und dem Blätterdach im Mittelgrund. Einen Überraschungseffekt erzielen Sie hier mit einer Mischung in Form geschnittener, unterschiedlich hoher Pflanzen, die Sie gruppenweise an der Rabatte entlang setzen. Dort wirken sie als Blickfang und füllen die »leere« Mitte etwas auf.

Solche unterschiedlichen Formen halten meine lange Rabatte als verbindendes Element zusammen, indem sie sich von einem Pflanzen- und Farbblock zum nächsten erstrecken. Besonders im Winter, wenn sonst alles kahl ist, freue ich mich über diese grünen, strukturgebenden Pflanzen.

GEGENÜBER: Die nickenden Blütenköpfe der Kaiserkrone *Fritillaria acmopetala* bringen unterkühlte Eleganz in den Garten auf Kennerton Green.

RECHTS: Einen wahrlich majestätischen Anblick bieten die markanten Blütenstände des Aronstabs (*Arum maculatum*).

»Wenn sich ihre phantastischen grünen Blüten mit den großflächigen weißen Hüllblättern entfalten, reflektieren sie das vorhandene Licht.«

Meine grünen Favoriten

Actinidia kolomikta
Der rankende Strahlengriffel ist eine wunderschöne Kuriosität. Ihre wenigen Blätter sind zunächst rosa-weiß und verfärben sich im Lauf der Zeit grün. Als schlingende Kletterpflanze erreicht diese Kiwi-Verwandte spielend eine Höhe von bis zu 4 m und braucht ein sonniges Fleckchen.

Eucalyptus
Eukalyptusbäume sind für ihr herrliches Aroma bekannt, das die Blätter verströmen; sie bieten aber auch einen schönen Anblick. Es gibt Hunderte von Arten und Sorten, die aber alle graugrünes Laub tragen. Sie sind in ganz Australien präsent, so dass die Landschaft immer in dunstiges Grün getaucht scheint. Bei uns sind sie durchweg nicht winterhart und lassen sich höchstens im Kübel halten.

***Heuchera cylindrica* 'Greenfinch'**
Aus leuchtend grünen Blattpolstern entwickelt das Purpurglöckchen Anfang des Sommers 45–60 cm hohe Triebe mit blassgrünen Blüten. In wärmeren Gegenden bevorzugt diese immergrüne Staude lichten Schatten, in kühleren Regionen jedoch Sonne.

***Physocarpus opulifolius* 'Dart's Gold'**
Eine Staude mit lindgrünen Blättern, die auf der südlichen Halbkugel problemlos im Schatten wächst. Die büscheligen cremeweißen Blüten der Blasenspiere öffnen sich im Frühjahr, und sie erreicht angeblich eine Höhe von 4 m, was bei meinen Exemplaren aber nicht der Fall ist.

***Nicotiana* × *sanderae* 'Lime Green'**
Der Ziertabak mit seinen limettengrünen Blütensternen verleiht einem Garten im Hochsommer ein kühles Leuchten. Er wird bis 75 cm hoch und kommt mit wenig Wasser aus.

***Ruta graveolens* 'Jackman's Blue'**
Diese Weinraute bildet im Sommer ein Polster aus stark gefiederten, blaugrünen Blättern. Sie hat unscheinbare gelbe Blüten und wird in voller Sonne sogar bis zu 4 m hoch.

***Santolina rosmarinifolia* 'Primrose Gem'**
Das grüne Heiligenkraut, eine Mittelmeerpflanze, gedeiht an trockenen Stellen. Seine leuchtend grünen, zarten Blätter sehen gestutzt am besten aus – eine vielseitige Staude, die aber volle Sonne braucht.

***Tulipa* 'Spring Green'**
Diese Viridiflora-Tulpe gehört zu meinen Lieblingszwiebelblumen. Sie hat kräftige, bis 45 cm lange Stängel und nimmt in meinen Frühjahrsrabatten einen Ehrenplatz ein. Ihre reinweißen Blütenblätter weisen grüne Streifen auf und sind an den Rändern leicht gekerbt.

Silybum marianum
Eine sehr stachelige grüne Distel, deren Blätter aussehen, als hätten sich weiß-grüne Spinnweben darin verfangen. Als Randbepflanzung oder an den Ecken eines Beetes ist sie sehr wirkungsvoll, da sie eine üppige, 100–120 cm hohe Staude ist. Setzen Sie die Mariendistel an ein sonniges Fleckchen oder in lichten Schatten.

GEGENÜBER: Die Tulpe 'Greenland'.

RECHTS: In feuchten Böden gedeiht das Mammutblatt *Gunnera manicata* besonders gut.

VORHERGEHENDE DOPPELSEITE: Grüne glockenförmige Kelche liegen schützend um die kleinen weißen Blüten der Muschelblume *Moluccella laevis*.

6 Farbspiel im Gemüsegarten

Es ist sicher schon mehr als dreißig Jahre her, als ich in Frankreich eine ziemlich holprige Straße entlang der Loire fuhr und vor mir plötzlich ein gewaltiges Schloss aufragen sah. Ein unscheinbares Schild am Straßenrand mit der Aufschrift »Garten zu besichtigen« lockte mich. Ich hielt an und betrat das Anwesen durch eine Seitentür. Dieser Moment veränderte mein Leben. Ich war zufällig auf den prachtvollen Gemüsegarten von Villandry in der Nähe von Tours gestoßen, der Anfang des 20. Jahrhunderts als Neuanlage eines französischen Renaissance-Gartens entstanden war, eines *jardin-potager* aus dem 16. Jahrhundert. Heute erreicht man den Garten über eine gut ausgebaute, beschilderte Straße, an deren Ende sich ein riesiger Parkplatz befindet, doch damals war ich die einzige Besucherin. Auf den ersten Blick verliebte ich mich in eine Art der Gartengestaltung, die ich niemals zuvor gesehen hatte.

Die geometrischen, in Form eines Gitters angelegten Beete waren in Reih und Glied mit Gemüse bepflanzt, die äußeren Beete quollen über vor Blüten in leuchtenden Farben, und Spalierobstbäume hatten längst Zäune und Laubengänge überwuchert. Den Mittelpunkt des Ganzen bildete ein quadratischer Teich, dazwischen lag säuberlich geharkter Kies.

Diese großartige Anlage geht auf die Klostergärten im Europa des Mittelalters zurück. In jener finsteren Zeit durften hier, hinter hohen Mauern verborgen, Gartentraditionen weiterleben. Mönche bauten das notwendigste Obst und Gemüse an und zogen Kräuter, die wegen ihres Aromas und ihrer medizinischen Heilkräfte sehr gefragt waren. Auch in ihrer Symbolik waren diese Gärten äußerst vielschichtig: Das Auge Gottes blickte auf gitter- und kreuzförmig angelegte Beete herab, die Gärten galten als Sinnbild für das Paradies und den Triumph des Menschen über die Natur, kleine Oasen des Wissens inmitten einer ungebildeten Welt voller Kriegswirren. Die Gärten waren entweder von einem hohen Flechtzaun, einer Hecke oder einer Mauer umgeben, die Schutz boten und an denen man Weinreben oder Spalierobst entlangziehen konnte.

In der Mitte befand sich oft ein Brunnen oder Teich, dessen Wasser Symbol des Lebens war. Von hier aus ließen sich auch die Pflanzen bequem gießen, und der Koch konnte sich mit frischem Fisch eindecken.

UNTEN: Von seinem gotischen Käfig aus überwacht der weiße Pfau den Gemüsegarten, in dem Blumenkohl, Salat, Weißkraut und Erdbeeren sprießen.

GEGENÜBER: Der üppige Gemüsegarten auf Kennerton Green verspricht eine reiche Ernte.

VORHERGEHENDE DOPPELSEITE: Die Schätze des Gemüsegartens auf West Green House.

Im Wandel der Zeiten

Die traditionellen Klostergärten wurden in erster Linie für den Anbau von Gemüse oder Kräutern angelegt. Für Blumen gab es wenig Platz, und man beschränkte sich auf »nützliche« Pflanzen – mit kulinarischem, medizinischem und symbolischem Wert. Die Iris zum Beispiel hatte viele Vorzüge: Aus ihren Wurzeln gewann man Parfüm und Tinte, ihre Blätter dienten zum Dachdecken, und ihr reines Weiß symbolisierte Jungfräulichkeit. Daneben gab es noch die Rose und die Lilie – all diese Blumen fand man angeblich in Marias Grab.

Diese Mystik des Gartens ist wunderbar, doch was mich hier zuerst verzauberte, war die Entdeckung, dass Gemüse ungemein dekorativ sein kann und auf wie viele verschiedene Arten sich Pflanzen kombinieren lassen. Das Anlegen eines Gemüsegartens gleicht dem Weben eines riesigen Quilts aus einzelnen Quadraten – aus Obst und Blumen, Kräutern und Gemüse. Und diese Muster kann man in milden Klimazonen zweimal jährlich verändern.

Ich habe inzwischen vier Gemüsegärten angelegt. Der erste war im Grunde genommen ein Kräutergarten auf der Farm in Burrumbuttock, New South Wales, ein ummauerter Innenhof, in dem sich die mörderische Hitze fing. Der zweite war ein Kraftakt auf einer subtropischen Insel nördlich von Sydney. Dort fand ich reinen Sandboden vor, der Wasserspiegel lag nur wenige Zentimeter unter der Oberfläche, und am allerschlimmsten war, dass überall riesige Eukalyptusbäume standen, die dem Boden gierig alle Nährstoffe entzogen. Aber der Garten war dekorativ und brachte Ertrag. Oberhalb der geometrischen Beete stand ein sechseckiges Gartenhäuschen, und ein entzückender Taubenschlag diente als Blickfang.

Ich stand noch ganz unter dem Einfluss jenes Klostergartens, als der Gemüsegarten auf Kennerton Green angelegt wurde. Er ist mit seinen 16 × 16 m ziemlich groß, hat die Form eines Georgskreuzes, das von einem Andreaskreuz überlagert wird, und ist von drei 2 m hohen Mauern umgeben, an denen Apfelbäume der Sorten 'Red Delicious' und 'Jonathan' als Spalier gezogen werden, die im Herbst bunte Früchte tragen. Die vierte Seite bildet ein langes flaches Gebäude mit Fenstern im gotischen Stil, hinter denen Pfauen kreischen. Den Abschluss bildet ein zweiter, niedrigerer Zaun auf der anderen Seite des Wegs, an dem Spalierobst (Pfirsich-, Pflaumen- und Aprikosenbäume) gedeiht.

Ich gestaltete den Eingang zum Gemüsegarten auf Kennerton Green in Anlehnung an das Eingangsportal der Kirche neben unserem Grundstück. Zu diesem Zweck schickte ich die Gärtner eines Spätnachmittags dorthin, damit sie Maß nahmen. Dabei wurden sie vom Pfarrer überrascht, der besorgt wissen wollte, was wir mit seinem Eingangsportal vorhatten! Das Dach ist so breit, dass man bequem Sitzbänke darunterstellen kann, und der Bezug zur Kirche unterstreicht noch dazu das Motto unseres Gartens.

Tore oder Türen, die zu umschlossenen Gärten führen, sind immer ein interessantes Gestaltungselement. Ob massive Holztüren oder kunstvoll verzierte Eingangstore aus Schmiedeeisen, spielt dabei keine Rolle. In den USA etwa gibt es zahlreiche Ideen für dekorative Gemüsegärten, und es wirkt stets frisch und adrett, wenn dort nach alter Tradition ein einfaches Tor in den weißen Lattenzaun eingelassen ist. Gittertüren verbreiten sehr viel Atmosphäre, aber solange Sie Ihr Eingangstor geschlossen halten können, um Obst und Gemüse zu schützen, ist das Aussehen egal – es muss sich nur in das Gesamtbild fügen.

LINKS: Der überdachte Eingang auf Kennerton Green ist eine Replik des Eingangsportals der Kirche St. Simon and St. Jude im Nachbarort Bowral, New South Wales.

GEGENÜBER: Durch das Moon Gate auf West Green House fällt der Blick auf die Artischocken und Bohnen im Gemüsegarten.

Praktische Beete

Gemüsegärten können Sie ganz nach Wunsch schlicht oder kompliziert anlegen, aber wenn sie pflegeleicht sein sollen, beherzigen Sie besser die folgenden Vorschläge. Bei der Gestaltung der Wege haben Sie die Wahl zwischen Kies, Pflastersteinen, festgetretener Erde und Sand. In feuchteren Gegenden sind vermutlich alte Ziegel- oder Pflastersteine am besten geeignet. Das traditionelle Kopfsteinpflaster sieht zwar wunderschön aus, aber es ist mühsam, dort mit der Schubkarre entlangzufahren. Auch sollen die Wege so breit angelegt sein, dass die Gartenarbeit leicht fällt.

Wird der Gemüsegarten von einer Zypressen-, Eiben- oder Buchenhecke eingerahmt, dann legt man den Weg am besten innerhalb der Hecke an, damit die Wurzeln nicht dem Boden im Nachbarbeet die Nährstoffe rauben. Lebende Wände aus Obstbäumen, Weinreben oder Rosen sind dekorativ und auch praktischer, da sie dem Boden nicht so viel Feuchtigkeit und Nährstoffe entziehen.

Geometrisch angelegte Beete müssen so groß sein, dass eine Mischung aus mehreren Gemüsearten und Blumen darin Platz findet. Als Randbepflanzung bieten sich immergrüne Stauden oder Sommerblumen an. Ich habe mit einjähriger Petersilie und Tagetes guten Erfolg gehabt, aber am besten finde ich 30 cm hohe Buchsbaumhecken oder Schnittlauch. Gemüsegärten sind im Grunde nichts anderes als bepflanzte geometrische Beete. Sind diese mit Buchs oder Heiligenkraut eingefasst, wirkt die Anlage auch im Winter und zeitigen Frühjahr durch ihr Muster noch hübsch, bis sie dann später in bunten Farben erblüht.

LINKS: Mittelpunkt und vertikales Element des Gemüsegartens von West Green House sind die von Oliver Ford entworfenen »Obsthäuser«. Hier stehen Obstbäume als kugelige Hochstämmchen neben in Form geschnittenen Roten, Schwarzen und Weißen Johannisbeeren sowie Stachelbeeren, die mit Erdbeeren unterpflanzt sind.

Schnittlauch ist eine hervorragende Randbepflanzung und sieht immer gut aus. In einem großen Gemüsegarten dürfen die Reihen ruhig 50 cm breit sein, wobei man immer ein Drittel des Streifens blühen, das zweite Drittel wachsen lässt und das letzte Drittel abschneidet. In einem kleineren Garten behandeln Sie die Rabatte wie zwei Streifen, indem Sie den Schnittlauch einfach nicht so oft schneiden.

Höhenunterschiede

Ich habe gern vertikale Elemente in einem Beet, denn sie verleihen ansonsten eintönigen Pflanzungen eine dritte Dimension. Jedes Beet sollte also zumindest Platz für einen zentralen Blickfang bieten. Dafür eignet sich eine zeltförmige Kletterhilfe für Bohnen, Erbsen oder Duftwicken ebenso wie eine Hochstammrose oder ein schlanker 'Ballerina'-Schnurapfel. In Frankreich stellt man als vertikales Element traditionell einen Hahn aus Blech oder Ton auf ein Podest. Er wacht über die säuberlich gehackten, gepflegten Parzellen mit ihren jeweils vier oder acht Beeten, für eine ganze Familie reichen.

Höhe und Eleganz erzielt man in Gemüsebeeten mit Lavendel- oder Rosmarinbüschen, als Kugelbäumchen geschnittenem Lorbeer oder eingetopften Artischocken. In größeren Gartenanlagen sorgen mit Wein oder Beerenobst bewachsene Laubengänge für Höhe – und reiche Ernte. Schon eine Gruppe Sonnenblumen oder Ziermais eignet sich als zentrales vertikales Element. Ist das Beet jedoch zu klein, wirkt dies gekünstelt. Überdimensionierte Zierelemente sind darin ebenso fehl am Platz, denn Gemüsegärten sollen ja in erster Linie praktisch sein.

122 Farbspiel im Gemüsegarten

Gewagte Farben
Bei den Farbzusammenstellungen für Ihren Gemüsegarten sollten Sie Mut beweisen und Ihre Phantasie spielen lassen. Im Frühsommer bepflanze ich auf Kennerton Green das Georgskreuz in der Mitte mit Speisezwiebeln und setze Tulpen dazwischen. In einem Jahr experimentierte ich auch mit Himbeeren und weiß gestreiften Tulpen 'Carnaval de Nice'. In die angrenzenden Parzellen setzte ich krausen, rosa-graugrünen Zierkohl und den Winterkohl 'Red Drumhead'. Hinter eine purpurblau gestaltete Fläche pflanzte ich einen Buntstieligen Mangold, der Stiele in den Regenbogenfarben Rot, Gelb, Weiß und Pink sowie zweifarbige Stiele hat.
Mit fortschreitendem Sommer überwuchern die hübschen Gesichter von Stiefmütterchen meine Beete und verbergen die kahlen Flecken, die das geerntete Gemüse hinterlassen hat. Anschließend wird der Boden für die Spätsommerauberginen vorbereitet, ebenfalls eine alte Mischung in Weiß-, Lavendel- und Rosatönen.
Ich bin in einem Internat im australischen Melbourne aufgewachsen, in dem es sommers wie winters jeden Tag eine Salatplatte zum Essen gab. Deshalb gehört gerade Salat mit Sicherheit nicht zu meinen Lieblingsspeisen, aber ihn anzubauen ist etwas völlig anderes. Meiner Meinung gibt es kaum etwas Schöneres als gerade Blattsalat-Reihen – ob blassestgrün oder dunkelbronzerot, gekraust, zweifarbig, lang, breit, flach, hoch, riesig oder winzig klein – jede einzelne Pflanze erfreut den Betrachter mit ihren Farben.

Setzen Sie bei der Anlage eines Salatbeets sämtliche zur Verfügung stehenden Farben und Formen ein. Verwenden Sie unbedingt Rottöne, wie den Eichblattsalat 'Cerise' mit seinen bronzeroten Blättern sowie 'Lollo Rosso', den Sie das ganze Jahr über pflanzen können und der gekrauste, bronzerot geränderte Blätter hat.

In einem anderen Jahr pflanze ich vielleicht Mangold mit leuchtend roten Stielen und zerknitterten, ganz schwarzroten Blättern hinter rot-weiße Tulpen. Dieser Farbklecks bringt ein echtes Überraschungselement ins Bild. Man könnte auch den Rotstieligen Schnittmangold mit 'Lollo Rosso' kombinieren und vielleicht dazu das Basilikum 'Purple Ruffles', die Sorte mit den rötlich-purpurfarbenen Blättern nehmen, das viel breiter und markanter herauskommt als das seltenere süße Basilikum. Die rötesten Schalen hat die Zwiebel 'Brunswick', und die »Rote Liste« setzt sich fort mit fast purpurfarbenen Roten Beten, dem burgunderroten Rosenkohl 'Falstaff', Broccoli 'Aster Purple' und roten Rettichen. In wärmeren Gegenden können Sie glänzende rote Paprika in allen Farbschattierungen und Formen in Rot und Cayenne anbauen, so dass Ihr Gemüsegarten in allen Rottönen leuchtet. Es ist eine Freude, zuzusehen, wie die Farben von Zwiebeln und Roten Beten zum Vorschein kommen. Setzen Sie hier und da noch schwarz-roten Mohn und die Duftwicke 'Scarlet' an Stangen dazu, dann steht das Gemüsebeet ab Hochsommer so richtig in Flammen.
Nur zum Vergnügen bepflanzte ich einst auf Kennerton Green ein Beet in den dunkelsten Farben, wählte eine weiße Zwischenpflanzung und taufte das Ganze auf den Namen »Garten von gut und böse«. Zwischen die schwarzen Tulpen 'Queen of Night' setzte ich weißen Lauch, dahinter weiß-purpurfarbenen 'Violet Queen'-Blumenkohl, das Ganze gesäumt von meinem bevorzugten schwarzroten Mangold. Als die Tulpen verblassten, wagte sich das schwarze Veilchen 'Midnight Runner' zwischen dem Lauch hervor, und ab Sommer war die burgunderrote Duftwicke *Lathyrus odoratus* 'Beaujolais' neben der Malve *Alcea rosea* 'Nigra' an der zentral platzierten Kletterhilfe hochgewachsen. Die schwarze Stangenbohne 'Sutton's Purple Cream' erwies sich als die richtige Wahl für ein Dreifußgestell, an dem sie sich rasch nach oben rankt. Der schwarze Paprika 'Sweet Chocolate' und die Tomate 'Black Russian' sowie purpurfarbener Salbei und Basilikum bildeten im Spätsommer einen edlen Hintergrund für elegante weiße Zinnien. In wärmeren Regionen sieht auch schwarzes Gemüse witzig aus, wie der schiefer-purpurfarbene Mais 'Blue Popping Corn' und die dunkle, glänzend-purpurschwarze Aubergine 'Long Purple' sowie die Waldplatterbse mit ihren purpurfarbenen Hülsen.
Goldene Riesenkürbisse, ausgefallen geformte Flaschenkürbisse und lange Zucchini sorgen im spätsommerlichen Gemüsebeet noch einmal für Aufsehen. Zwar verbergen sie ihre Schätze unter riesigen grünen Blättern, doch wenn sie in Hochbeeten an Dräh-

GEGENÜBER: Die Tulpe 'Carnaval de Nice' bringt im Gemüsegarten kräftige Farbtupfer zwischen jungen Blumen- und Grünkohl.

OBEN: Dieser rosa-weiße Zierkohl ist viel zu schade zum Essen!

RECHTS: Fast schon unnatürlich wirkt der starke Rot-Grün-Kontrast des Rotstieligen Mangolds.

ten gezogen werden, befinden sich diese exotischen Formen auf Augenhöhe, so dass man sie gut sehen und auch leicht ernten kann. Hochbeete waren ein fester Bestandteil mittelalterlicher Gärten und sind eine praktische und dekorative Ergänzung für jeden traditionellen Gemüsegarten. Ich lege meine im Frühjahr an und pflanze darin leuchtend goldener Mangold, blass orangefarbenen Blumenkohl 'Marmalade' und säe alte orange, gelbe und weiße Karottensorten in Reihen zwischen die bereits erblühten 'Flaming Parrot'-Tulpen aus, die ihre gefransten Blütenblätter in Gelb, Orange und Rot zur Schau stellt. Im Laufe des Sommers kämpfen in Reihen gepflanzte, glänzend goldene und orangefarbene Paprika und an Stangen gezogene, leuchtend gelbe 'Golden Sunrise'-Tomaten gegen die Ranken der orangefarbenen Kapuzinerkresse 'Whirlybird' an. Jetzt ist die richtige Jahreszeit für »Gartenriesen« – Stangenbohnen wie 'Crusader' mit leuchtend roten Blüten ranken sich neben 2 m hohen, goldgelben Sonnenblumen und gelbem Mais an Spalieren hoch. Die Engelwurz *Angelica archangelica* fängt die Frühherbstsonne in ihren filigranen Blütenköpfen ein, die oft 30 cm Durchmesser haben, und von dem hohen roten Fenchel bleibt im Winter nur ein riesiges Gerippe übrig.

Gemüsegärten sind arbeitsintensiv. Deshalb bepflanze ich oft ganze Bereiche mit nur einer Pflanze, um Zeit zu sparen – insbesondere wenn alle Beete bewirtschaftet werden. In meinem englischen Gemüsegarten ist so viel Platz, dass ich mit der Ernte ein kleines Dorf versorgen könnte. Um ihn überschaubarer und dekorativer zu gestalten, habe ich mich für schöne Muster entschieden. Reihen von Heiligenkraut, zu grauen Kugeln geschnitten oder in labyrinthartigen Mustern mit zwei verschiedenen Lavendelsorten kombiniert, haben sich ebenso gut bewährt wie *Lavandula angustifolia* 'Hidcote' und *L. stoechas*, zwischen die ich Buchs gesetzt habe. Dazwischen wurden unterschiedliche Salbei-Sorten eingeflochten, die jetzt wie eine Gobelinstickerei aus Purpur, Mauve und Silbergrau aussehen. Thymianteppiche können sich in ungenutzten Beeten in phantasievollen Mustern ausbreiten, Erdbeermatten verdecken leere Flächen und ersticken das Unkraut. Die kleinen Walderdbeeren und die weißblütige, frühe Sorte 'Emily' können Sie dafür genauso gut verwenden wie die spät tragende 'Sophie'.

Es heißt, dass in einem mittelalterlichen Gemüsegarten die Parzelle jedes Mönchs an einer speziellen Rose zu erkennen war. Deshalb schätze ich in meinem Gemüsegarten Rosen – Hochstammrosen als vertikales Element und Kletterrosen, die sich über Bögen und Eingangstore ranken. Dabei bevorzuge ich meistens auffällige Farben: das verbrannte Orange der modernen Rose 'Belle Epoque' und die neue 'Oranges and Lemons', die mit ihren orange-gelben Streifen aus dem Rahmen fällt. Sie sieht zwischen dem herbstlich gefärbten Gemüse und den grellen Tagetes – den sonnigsten Blumen in einem Gemüsegarten – richtig lebhaft aus. In der Staudenrabatte wirken diese Rosen manchmal etwas deplatziert, in einen ertragreichen, farbigen Gemüsegarten bringen sie jedoch mehr Leben.

GEGENÜBER: Schon im zeitigen Frühjahr beleben die geflammten Tulpen das Zwiebelbeet.

RECHTS OBEN: Im Spätsommer setzen Sonnenblumen noch einmal leuchtende Akzente.

RECHTS UNTEN: Kapuzinerkresse, Rote Bete, Karotten, Zwiebeln und Löwenmaul kämpfen im Hochsommer um die besten Plätze.

Meine Favoriten für den bunten Gemüsegarten

Kapuzinerkresse und Feuerbohnen ranken hier nach oben und schaffen ein Geflecht in den Farben des Regenbogens.

Salat
Blattsalat gibt es in vielen Formen und Farben, die in praktisch alle Beete im Gemüsegarten passen, sowie in Sorten, die selbst im kältesten Klima gedeihen. Wählen Sie eine Mischung, die für Kontraste sorgt. 'Rouge d'Hiver' ist mattbronzefarben mit ovalen Blättern, 'Lollo Rosso' und 'Cerise' sind rote Kraussalate. 'Great Lakes' ist ein blassgrüner Butterkopfsalat mit großem Herz, 'Susan' bietet phantastisches leuchtendes Grün, und 'Freckles' präsentiert sich blassgrün, ins Braune verlaufend. Versuchen Sie es auch mit Romana-Salat wie dem großblättrigen, mittelgrünen 'Lobjoit' oder dem winzigen 'Little Gem'; beide haben hellgrüne Blätter und einen schlanken geschlossenen Kopf. Eine unverwüstliche Sorte ist der leuchtend hellgrüne 'Lollo Bionda'. Rotbraune Farbtöne bringt 'Bronze Arrowhead' mit seinen pfeilförmigen Blättern ins Spiel. 'Deer's Tongue' hat schmale, elegante, blassgrüne Blätter mit runden Rändern.

Blumenkohl
Weiße Köpfe mit krausen, blaugrünen Blättern sind endgültig passé. Jetzt können Sie 'Esmereldo' mit seinen leuchtend grünen Köpfen, den tiefpurpurfarbenen 'Violet Queen' oder auch die blass orangeblättrige Sorte 'Marmalade' mit ihren winzigen kontrastierenden weißen Köpfen kaufen.

Mangold
Mangold gibt es in den erstaunlichsten Farben. Buntstieliger Mangold bringt Licht und dramatische Akzente in jeden Gemüsegarten. Er ist winterhart und gedeiht auch unter trockeneren Bedingungen. Im Frühjahr gepflanzt, kann man davon den ganzen Sommer lang ernten, und auch wenn er schießt, lasse ich ihn stehen, weil seine Farben einfach zu schön sind. Leuchtend orangefarbene, zitronengelbe und goldene Stiele machen sich neben Reihen mit Tagetes, herabhängender Kapuzinerkresse, zu Füßen feuerfarbener Dahlien oder vor den rundgesichtigen Sonnenblumen zauberhaft aus. Rosafarbene, weißgelbe und »blaue« Stiele erzeugen regelrechte Partystimmung, und gut schmecken sie allemal.

Bohnen
Ich mag Bohnen, die wie Bonbonstangen aussehen, besonders 'Barlotta lingua di Fuoco', deren hellgrüne Bohnen leuchtend rote Flecken tragen. 'Cosse Violette' ist tiefpurpur, und 'Corono d'Oro' blassgold und fadenlos. Bohnen sind ein wirklich buntes Gemüse.

Artischocken
Wenn Sie genügend Platz haben, dann sollten Sie die majestätische Artischocke mit ihren silbergrauen Blättern pflanzen, die einem Gemüsegarten besonders viel Eleganz und Struktur verleiht. Auch die riesigen, lavendelfarbenen, an Disteln erinnernde Blütenköpfe sind eine Augenweide, und noch im Herbst wirkt diese Pflanze durch ihre schönen silbergrauen Blätter attraktiv. Artischocken lieben nährstoffreichen Boden und brauchen sehr viel Wasser, denn in nur 3 Monaten wachsen sie aus einem Samenkorn bis über 1,5 m hoch.

Salbei
Die behaarten, ovalen, silbergrauen Salbeiblätter sind im Garten unverzichtbar und eine willkommene Bereicherung für jede Winterrabatte. Im Gemüsegarten sollten Sie es mit einer Auswahl duftender Sorten von *Salvia officinalis* versuchen. Der Purpursalbei 'Purpurascens' sieht besonders schön aus, wenn er mit der goldblättrigen Sorte 'Icterina' und mit 'Tricolor' kombiniert wird, deren buntlaubige Blätter die Farben Weiß, Grün und Rosa enthalten. Da Salbeibüsche leicht auseinander fallen, sollten Sie sie nach der Blüte radikal zurückschneiden. Die winterharten Pflanzen vertragen auch magere Böden.

Duftwicken *(Lathyrus oderatus)*
Duftwicken klettern an Rankhilfe, Mauern und Zäunen hoch, kriechen über Böschungen und erinnern mit ihren bezaubernd duftenden Blüten an Bauern- und Küchengärten. Es gibt sie in Weiß, Creme, sämtlichen Rosa- und Rottönen, in Lavendel und Purpur und selbst fast Schwarz. Dazu kommt die Freude, sie im Frühsommer zu ernten. Im Haus halten sie sich ungefähr eine Woche. Säen Sie altmodische Sorten wie die purpurblaue 'Matucana' oder rosa-weiße 'Painted Lady' aus, die beide intensiv duften. Duftwicken sind leicht zu ziehen, brauchen aber als Jungpflanzen Sonne und viel Wasser. In sehr heißen Gegenden gedeihen sie nicht. Säen Sie sie in Anzuchterde aus und übertreiben Sie es nicht mit der Pflege, denn sonst bekommen sie zu viele Blätter und nur wenig Blüten.

Kohl
Von Winterende bis Frühsommer sind die gekrausten Blätter des Zierkohls in Rosa-, Mauve- oder Weißtönen oder Variationen dieser Farben im Garten oder Gemüsegarten die reinste Freude. Ich verwende diese wunderschön strukturierten Pflanzen in großen Mengen im Gemüsegarten. In wärmeren Gegenden pflanzt man sie im Spätherbst, in kühleren Regionen im Spätsommer aus. Damit Sie möglichst lange Freude daran haben, schneiden Sie die Blüten ab, sobald sie erscheinen, und halten Sie den Kohlweißling fern, indem Sie die Raupen regelmäßig absammeln.

7 | Licht, Schatten und Farbe

OBEN: Das hübsche Mädchenauge *Coreopsis* blüht bis in den Herbst hinein. Ich mag es besonders als Unterpflanzung von Sonnenblumen.

GEGENÜBER: Ein unauffälliger perlgrauer Glanz geht von dieser *Echeveria* aus, die aussieht, als wäre sie aus Marzipan.

VORHERGEHENDE DOPPELSEITE: Der alte Weg zu den Ställen auf West Green House war früher sehr schattig und wegen des Kopfsteinpflasters und der alten Ziegelmauern stets düster. Heute fangen dort Töpfe mit Frühjahrs- und Sommerblumen, Kletterhortensien und Rosen jeden Lichtstrahl ein und verbreiten ein sanftes, farbiges Licht.

Ich hatte das Glück, meine Gartenideen in mehreren völlig verschiedenen Umgebungen umsetzen zu können, wo heimische Farben mir die Bedürfnisse der jeweiligen Landschaft vorgaben.

Einer der phantasievollsten Gärten, die ich kenne, ist ein provenzalischer Hügelgarten, eine lebende Skulptur in Grau-Grün-Schattierungen, in dem Hunderte heimischer Mittelmeerpflanzen stehen. Vor dem weißen Boden und den Felsen der Provence wirken ihre Farben so weich. Es waren unaufdringliche Formen in leuchtend weißem Licht, und der starke Mistral hatte die kompakten Pflanzen so geformt, dass sie sich dem Hang zuneigten. Dieser Garten stand in vollkommenem Einklang mit seiner Umgebung.

Mittelmeerpflanzen sind inzwischen aus gutem Grund sehr gefragt: Sie sind dürreresistent, wuchern meistens nicht, und es zählen viele Kräuter dazu, die wir wegen ihres geschmacklichen Aromas und Dufts schätzen. Bevor man jedoch dieselben Ideen von Farbe und Bepflanzung auf eine andere Situation überträgt, muss man sich fragen, ob die mattgrauen Mittelmeerpflanzen in Gegenden, in denen monatelang nur Grautöne vorherrschen, wo der Boden eine intensivere Färbung hat, oder im Stadtgebiet überhaupt genau so schön aussehen. Bei der Pflanzenwahl gilt es, auch an die Farbe der neuen Umgebung zu denken.

Betrachten Sie die Landschaft des betreffenden Ortes, und lassen Sie sich davon zu wunderschönen Farbschattierungen im Garten inspirieren. In der Provence orientierte sich Madame de Vesin an den Farben und Formen der bereits vorhandenen Vegetation. Die vorherrschenden sanften Grün- und Grautöne, die sich vor dem weißlichen Kalkgestein abheben, nahm sie bei der Gestaltung ihres gelungenen, in verschiedenen Blau-, Oliv- und Weißtönen gehaltenen Gartens mit viel Gespür wieder auf.

In sonnendurchfluteten südeuropäischen Innenhöfen quellen aus grauen Gefäßen die vollendeten Rosetten der perlgrauen *Echeveria,* einer graublättrigen Pflanze, deren blaugraue Blütenblätter wie in Stein gehauen aussehen. In Gruppen gesetzt und als Bewuchs einer Skulptur sehen sie sehr romantisch aus. Da sie das Licht reflektieren, hellen sie trockene Stellen, an denen düsterer Schatten herrscht, mit Farbe und Lichtkontrasten auf. Echeverien sind sonnenhungrige Pflanzen, die Schatten vertragen, gleichzeitig jedoch mehrjährige Sukkulenten und immergrüne Halbsträucher, die man in gemäßigtem bis subtropischem Klima leicht ziehen kann, solange der Boden durchlässig ist. Der weiße Glanz auf den graugrünen Blättern passt sich vielen Umgebungen an, und ihr Anblick erinnert an Gruppen aufgeblühter, zu Fossilien erstarrter Rosen.

Mit den heimischen Farben arbeiten

Vor nunmehr fast 30 Jahren zog ich innerhalb Australiens in eine ländliche Schafzuchtregion im südlichen New South Wales um. Dort bestimmen die Naturgewalten den Lebensrhythmus. Die Temperaturen schwanken zwischen heißen Sommern mit über dreißig Grad im Schatten und bitterkalten Wintern. Regen, oder vielmehr fehlender Regen, war das Hauptgesprächsthema beim sonntäglichen Gottesdienstbesuch; ernst wurde darüber diskutiert, wer am meisten von dem kostbaren Nass abbekommen hatte, und man bedauerte diejenigen, über die die Wolken hinweggezogen waren. Ein rotes Pigment verleiht dem dortigen Boden eine sehr kräftige Eigenfarbe – nicht zu vergleichen mit den sanften Hintergrundfarben eines Gartens in kühleren Gegenden der nördlichen Halbkugel! Rote Erde fängt die heiße Sonne ein und speichert sie, so dass Pastelltöne verblassen und satte Rosatöne verwaschen wirken. Nur im Schatten können sie ihre Frische einigermaßen bewahren.

Vor Ort gab es als Baumaterial einen roten Lehm, der Blau enthält – diese Farbe ist zwar wenig attraktiv, aber praktisch, da ihr Staub und Schlamm nichts anhaben können. Ältere Anwesen befanden sich oft inmitten von Obstgärten mit Aprikosen-, Quitten-, Pfirsich-, Kirsch- und Mandelbäumen und Zitronenhainen, die in glänzend grünen Reihen dastanden. In ihrem dunkelblau-mauvefarbenen Schatten fühlte man sich wie in einer kühlen Oase, und die glänzend orangen, gelben und lindgrünen Früchte sorgten für frisches Licht und Farben.

Helle, klare Farben passen optimal zu roter Erde, und mein erster Countrygarten erteilte mir eine unvergessene Lektion darin, welche Pflanzen und Farben ich wählen musste, um den Bedürfnissen der Landschaft zu genügen. Rosen fühlten sich dort sehr wohl. Sie breiteten sich auf dem roten Boden quer über eine Kiesböschung aus, die den Winden ausgesetzt war und das Wasser wie ein Sieb filterte. In den Katalogen waren damals hauptsächlich Teehybriden abgebildet, Alte Rosen blieben alten Gärten vorbehalten. Sie wurden zwar von Kennern geliebt, waren aber für den Durchschnittsgärtner unerschwinglich. Die Englischen Rosen warteten noch auf ihren großen Auftritt. Notgedrungen behalf ich mich bei meinen Farbkreationen mit der dunkelgoldenen Rose 'Sutter's Gold', der gelben 'Grandpa Dixon' und der creme-rosafarbenen 'Gloria Dei' sowie der Floribunda-Rose 'Apricot Nectar', die sanft apricot-gelbe Blüten hervorbringt. Die neon-orangefarbene 'Super Star' war ein Zugeständnis an meinen jugendlichen Enthusiasmus. Heute würde ich wahrscheinlich keine dieser Farben mehr nehmen, aber damals passten sie genau in ihre Umgebung.

Ich steckte Ableger von verschiedenen Korbblütlern in die Erde und versorgte sie nur mit ganz wenig Wasser. *Euryops pectinatus* wuchs zu 1,2 m großen, graugrünen Büschen mit farnartigen Blättern heran, die über und über mit goldgelben Blüten überzogen waren.

»... in meiner Erinnerung scheint dort immer die Sonne, und das helle Licht tanzt auf Wasser und Blättern – ein winziger Saphir in einem azurblauen Meer.«

Weiße Strauchmargeriten *(Argyranthemum frutescens)* mit gelber Mitte und die Färberkamille *Anthemis tinctoria* bildeten regelrechte Büsche. Auch die Eschen *Fraxinus excelsior* und *Fraxinus angustifolia* vertrugen das trockene Klima und sahen neben Beeten in Purpur, Lavendel und Gelb aufregend aus. Der heimische Minzebusch *Prostanthera ovalifolia* gab sich etwas kapriziös, bildete aber entzückende kleine purpurne Blüten aus und passte wunderbar neben graublättrige Zistrosen mit ihren weißen Blüten. *Lavandula dentata* und die fliederfarbene *Scabiosa caucasica* vermischten sich mit purpur-weißem Mehligem Salbei *(Salvia farinacea)*, einer ausgesprochen widerstandsfähigen Pflanze. Die zwei Struwwelköpfe des weiß-blauen südafrikanischen *Agapanthus* waren die Attraktion des Hochsommers, und im Herbst taten sich schillernde Vögel an den roten, orangen und gelben Beeren des Weißdorns gütlich. Mein Garten vereinte die Farben des Mittelmeers, war jedoch alles andere als ein Mittelmeergarten.

Im trockenen Weizengürtel werfen die australischen Eukalyptusbäume tief purpurblaue Schatten, deren Farbe von den grauen Blättern herrührt. Im Frühling werden diese Schatten vom goldenen Licht der Blüten der *Acacia baileyana* 'Purpurea' aufgehellt. Ihre spitzenartigen silbergrauen Blätter scheinen in Purpur getaucht und eignen sich besonders gut für eine Aufsehen erregende Rabatte, da sie die Farben der umgebenden Vegetation reflektieren.

Blau-purpurfarbene Schattierungen mit klarem Gelb und Gold wirken bei jedem Licht kräftig und lebhaft. Die Erfolg versprechendsten Farbzusammenstellungen erzielt man mit der dunkel silberblauen Edeldistel *Eryngium bourgatii* 'Oxford Blue' Lassen Sie sie über Gruppen von *Helichrysum italicum* hinausragen, an deren silbergrauen gestutzten Kugeln sich gelbe Blütenbüschel zeigen. Oder Sie versuchen es mit der Edelgarbe *Achillea* × *taygetea*, deren flache, aus winzigen gelben Blüten bestehende Körbchen sich über das blaugrüne farnartige Laub erheben. Eine weitere farbliche Steigerung wäre die Kombination aus der kuppelförmig wachsenden Katzenminze *Nepeta* × *faasseni* 'Six Hills Giant', einer Staude mit lavendelblauen Blüten und weichen grauen Blättern, sowie der lebhaft lavendelfarbenen *Aster* × *frikartii* 'Mönch'.

Vielfach gibt die Umgebung die besten Anregungen, mit welchen Farben ein Garten gestaltet werden sollte. Ich hatte einmal ein Haus auf Dangar Island an der Mündung des Hawkesbury River, eine Stunde nördlich von Sydney. In dieser winzigen Gemeinde maß man die Zeit nach dem tuckernden Geräusch der Fähre, das vom Fluss herüberhallte, und der klagende Ruf des einheimischen Eulenschwalms jagte einem Schauer über den Rücken. Die Insel liegt in einer blauen Landschaft, über der sich ein Dach aus blaugrauen Eukalyptusbäumen spannt und die von einem glasklaren, blauen Meer und ebenso blauem Himmel umgeben ist. Hier legte ich zum ersten Mal einen blau-weißen Garten an. Blickte man von der Veranda über das Wasser, sah man nichts als blaue und weiße Blumen und die saftigen Blattwedel subtropischer Grünpflanzen. Dies waren die Farben der Umgebung. Das Meer war blau, und genau dieses blaue Licht versuchte ich in meiner Bepflanzungen aufzugreifen.

Blassblaue Bleiwurz *(Plumbago auriculata)*, die den ganzen Sommer über blüht, füllte die Böschungen zum Strand hinunter. An alle unansehnliche Stellen setzte ich winterharte blaue Schmucklilien, und ausladende Büsche von 'Blue Pacific'-Säckelblumen *(Ceanothus)* wetteiferten mit dem Meer um das intensivste Blau. Weiße Schönhäutchen *(Hymenocallis)* wuchsen unter Baumfarnen, Palmen, wuchernden weiß-purpurnen Bougainvilleen und Wolken von duftendem Sternjasmin. Den »Boden« bildeten unzählige Australische Gänseblümchen *(Brachyscome multifida)*, lange cremefarbene Gazanien und leuchtend blaue Kapastern *(Felicia)*, neben denen Frangipani mit ihren langen grünen Blättern sowie dunkel glänzende Gardenien *(Gardenia augusta)* standen. Es war der verwildertste Garten, den ich je angelegt hatte, ein blauer Dschungel, der immer undurchdringlicher wurde. Das Gartenmesser war mein ständiger Begleiter. Es war ein unkomplizierter, fröhlicher Garten, in dem ich die schönsten Sommer meines Lebens zu verbringen gedachte.

Doch schließlich verkaufte ich den Garten, als mich West Green House in seinen Bann schlug. In meiner Erinnerung scheint dort aber immer die Sonne, und das helle Licht tanzt auf Wasser und Blättern – ein winziger Saphir in einem azurblauen Meer.

Nur wenige Menschen haben das Glück, mit einer ganzen Landschaft experimentieren zu können, aber es ist leicht, schattige Stellen mit glänzenden immergrünen Pflanzen aufzuhellen, insbesondere wenn diese weiß blühen. Eine üppige Immergrüne wie die Strahlenaralie *(Fatsia)* lenkt mit ihren exakt geschnittenen, glänzenden Blättern die Aufmerksamkeit auf ein geheimnisvolles, schattiges Fleckchen im Garten. In kühleren Regionen lässt sie sich gut im Kübel halten. Oder sie setzen zartweiße, cremefarbene Pflanzen neben ganz blassblaue und erzielen dadurch sogar im tristeren nordeuropäischen Licht eine heitere Stimmung.

GEGENÜBER, LINKS: Im heißen australischen Sommer darf der südafrikanische *Agapanthus* keinesfalls fehlen. Die Schmucklilie hat riemenartige, glänzend grüne Blätter und aufrecht stehende, blaue oder weiße Blütenstände, die selbst an heißen Tagen den Eindruck von Frische erwecken.

GEGENÜBER, RECHTS: Die liebliche Kapaster *Felicia* bildet in kühlen und Mittelmeer-Gärten im Sommer blaue Teppiche.

OBEN: Kein Rosengarten, der etwas auf sich hält, ist vollständig ohne Katzenminze *(Nepeta)*, die mit ihren blaugrauen Farben eine ideale Kulisse bildet.

Die Farben von Mauern und Gebäuden nutzen

Manchmal frage ich mich, wie wichtig Gärten einmal sein werden, wo doch immer mehr Menschen in Stadtgebieten wohnen, deren Zentren die Farben zukunftsweisender Materialien wie Stahl, Glas, Beton und Granit tragen. Grau gefleckte Konturen beherrschen die Bewegungen von Wind, Licht und Schatten und schaffen ein in sich geschlossenes Mikroklima: kahle, dunkle, schattige Löcher oder aber Stellen, an denen man der unbarmherzigen Sonnenglut ausgesetzt ist. Je mehr gebaut wird, desto nachdrücklicher verändert sich die Umgebung, und neue Windkanäle sowie schattige Bereiche entstehen. Und Stadtgärtner sind oft gezwungen, auf Kosten der traditionellen Rasenflächen und Rabatten neue Designs und Stile auszuprobieren.

Jetzt geht es darum, diese kalten, scharfkantigen Landschaften farbiger und wohnlicher zu gestalten – zum Beispiel durch große Wasserflächen, die den Himmel reflektieren, skulpturierte Landformen, wo einmal Gras wachsen soll, und farbenfrohe künstliche Materialien. Sehr häufig trifft man auf Bereiche, die monoton gepflastert sind. Hier und da gibt es dann einen rechteckigen Teich, und Pflanzen haben – wenn überhaupt – nur auf schmalen Grünstreifen Platz. Dabei können Pflanzen ein Stadtbild ungemein bereichern, denn sie wirken in dunklen Ecken wie lebende Lichtsäulen. Verwegen bringen sie Farbspritzer ins eintönige Grau und bilden mit ihren sanften Formen einen Kontrast zur rechtwinkligen Baugeometrie. In Nobelvororten findet man mit *Magnolia grandiflora* bewachsene Wände, an Spalieren gezogene glänzendblättrige Kamelien oder immergrüne Hecken, die man auf die gewünschte Höhe gestutzt hat.

Kleine Stadtgärten wiederum bieten andere Möglichkeiten für das Spiel mit dem Licht. In einem von Gebäuden oder hohen Mauern umgebenen Garten etwa lässt sich das Licht auf ganz bestimmte Bereiche lenken und dort einfangen. Setzen Sie hier dekorative Pflanzgefäße ein, mit beispielsweise einer Yuccapalme und Sommerblumen, die weichere Formen und Farben haben und locker über die Ränder fallen. Wo immer Sie sie aufstellen, wird das Licht hinwandern; deshalb empfehlen sich auch Standorte in unterschiedlicher Höhe. Und lenken Sie mit Obelisken, Pyramiden und Skulpturen die Aufmerksamkeit auf bestimmte Bereiche. Sollten Ihre Mauern zu dunkel für die gewählten Kletterpflanzen sein, dekorieren Sie sie mit metallischen Gegenständen oder solchen in hellen Farben. Eigenartigerweise verleihen oft gerade dunkle Schattierungen wie Salbeigrün oder gar Schwarz einem dunklen Garten die nötige Struktur.

Eine ansprechende Dauerbepflanzung für anhaltende Farbe in einem Kübel wäre beispielsweise eine Kombination aus dem stacheligen blauen Gras *Elymus magellanicus* sowie *Stachys byzantina* 'Primrose Heron' mit seinen gelblichen, wolligen Blättern und *Sedum spathulifolium* 'Cape Blanco' mit den graublauen Rosetten und den schwefelgelben Blüten.

Der Stallweg auf West Green war lang und trist und mutete manchmal direkt gespenstisch an. Er bestand aus einem schmalen Fußweg, der von hohen Gebäuden aus moosbewachsenen roten Ziegelsteinen überschattet wurde, und einem mit harten dunklen Steinen gepflasterten Pfad. Hier waren Rank- und Hängepflanzen in großen Töpfen vonnöten, um Farbe, Licht und Helligkeit ins Spiel zu bringen. Zu diesem Zweck füllte ich drei Töpfe jeweils zu einem Viertel mit Erde und stellte sie übereinander. Der unterste maß 65 cm Durchmesser und 50 cm Höhe, der mittlere 45 cm × 40 cm Höhe und der oberste 35 cm × 30 cm Höhe. Jeden Sommer schmücken nun farblich auf die Ziegelsteine abgestimmte Ranken des apricotgelben Eisenkrauts *Verbena* 'Peaches and Cream', breitwüchsige *Viola* 'Antique', *Nicotiana* 'Salmon Pink' und Büsche mit dem blauesten Lavendel, den ich finden konnte, den nun gar nicht mehr unfreundlichen Hohlweg. Puderblaues Männertreu (*Lobelia erinus* 'Cambridge Blue'), *Nepeta hederifolia* 'Variegata' und weiße Margeriten tun ein Übriges.

UNTEN: Der Mann mit dem Spaten und die Ente neben dem Obelisken haben dieser Welt symbolisch den Rücken gekehrt. Das Denkmal, das an einen Gärtner von West Green House erinnert, bildet in diesem Meer aus Grün einen lichten Blickfang.

GEGENÜBER: Diese Mauern gehören zu den ältesten des Grundstücks und sind der ideale Hintergrund für die spinnenartigen Blüten von *Lonicera* × *americana* in blassen Creme-, Gelb- und Rosatönen.

Farbe ist für mich auf einer kleinen Mauer genauso wichtig wie in einer ganzen Landschaft. Als ich auf West Green House ankam, waren nur vier Kletterrosen am Haus übrig geblieben. Eine davon war die gelbbraune Noisetterose 'Gloire de Dijon'. Bei den anderen dreien, mit Blüten in sattem Mittelrosa, handelte es sich offenbar um eine Züchtung von David Austin, und sie sind als 'West Green Rose' bekannt. Sie waren zwar bildschön, wirkten aber vor den warmen orangeroten Ziegeln zu krass, während sich die gelbe, zartrosa überhauchte 'Gloire de Dijon', eine kletternde Teerose, harmonisch an den Charakter des Hauses anglich.

Heute zeigen alle Rosen, die dicht am Haus stehen, unterschiedliche Champagnerfarben: 'Alchymist' ist eine goldgelbe Kletterrose, 'Céline Forestier' präsentiert ein sehr helles Blassgelb auf hellgrünen Blättern, die Noisetterose 'Gardenia' ist eine Wichuriana-Hybride und 'Madame Jules Gravereaux' eine gelbbraune kletternde Teerose. Dazu kommen ungefüllte creme-weiße Rosen mit ausgeprägten Staubfäden, wie 'Sir Cedric Morris', die unzählige winzige Blüten und sanftgrünes Laub hat. 'Cooper's Burmese, eine kletternde Laevigata-Rose, bringt auffällig große cremeweiße Blüten mit ebenfalls langen Staubfäden hervor. Sie kann eine ganze Mauer überwuchern. Das Leuchten der alten Mauern verstärkt die Blütenfarben, aber die größte Freude habe ich an der Rambler-Rose 'Madeleine Selzer', deren vollendete Blüten in gebrochenem Weiß mit Zitronengelb auf blassgrünen gefältelten Blättern den idealen Hintergrund für das kleine Farbenreich bildet, in dem sie jetzt steht.

Graue Mauern ergeben mitunter einen neutralen Hintergrund für Farbexperimente aller Art. Der Traum vieler Europäer ist eine Explosion aller erdenklichen Rosaschattierungen, von Karmesinrot bis Pastell, Rosen, Clematis und Geißblatt, die über graue Mauern fallen. Traumhaft auch die gestreiften rosa Blütenblätter der *Clematis* 'Nelly Moser', die sich durch die Kletterrose 'Madame de Sancy de Parabère' windet, eine Mischung aus Rosatönen mit einem Hauch Lavendelblau. Oder die Wichuriana-Rose 'Evangeline' mit ihren anmutigen, kleinen, ungefüllten weißen Blüten, die zwischen den kräftigen Trieben einer *Clematis montana* 'Rubens' hervorragen. Diese *Clematis* kann in wärmeren Regionen sogar Telefonmasten und -drähte erobern.

Eine Alternative zu Rosen und Clematis ist an einer schattigen Mauer die »selbstkletternde« Kletterhortensie *Hydrangea anomela* ssp. *petiolaris*, die kräftige Ausläufer treibt und deren Blüten im Frühjahr ein Gewebe aus duftiger Spitze bilden. Ihre breiten grünen Blätter überziehen eine Mauer bis in den Herbst hinein mit einem weichen grünen Teppich. Versuchen Sie es an besonders dunklen Stellen mit einer der zahlreichen, weiß oder gelb gefleckten Efeu-Sorten, aber denken Sie daran, dass ein kleiner Efeu ganz schön groß werden kann. Meistens eignet sich diese Kletterpflanze besser als Hintergrund, um ein wenig Licht in eine sehr düstere Ecke zu bringen. Man sieht sich allerdings leicht an den ausdrucksvollen Formen von panaschiertem Efeu satt, wenn man ihn nicht einfühlsam einsetzt.

GEGENÜBER: Rosen in den Farben von Pergament, Creme und warmem Sonnenuntergang werden von ockerfarbenen und roten Ziegeln aufgehellt. Hier klettert 'Gloire de Dijon' an einer Mauer auf West Green House empor

OBEN: *Clematis* 'Nelly Moser' wirkt besonders schön zusammen mit mauvefarbenen Kletterrosen.

UNTEN: Die 'West Green Rose', eine päonienblütige, sattrosafarbene kräftige Kletterrose, kommt am besten vor weißen oder grauen Mauern zur Geltung.

Schattenhäuser

In südlicheren Gefilden bestehen Wände oft aus verwitterten Lattenzäunen oder gelegentlich Betonziegelmauern, aber in den Gärten der alten australischen Siedler gibt es immer noch Buschhäuschen (»Schattenhäuser«) aus Hunderten verwitterter Schieferplatten. Sie sind wunderschön mit komplizierten Laubsägemotiven verziert und schützen kostbare Pflanzen vor dem grellen Licht.

Man betritt das Halbdunkel tropischen Schattens, schiebt Spinnenweben und Weinranken beiseite, geht vorbei an winzigen Pfützen, die schwüle Feuchtigkeit verbreiten, und wischt Palmwedel von verwitterten Statuen zurück. In einem viktorianischen Schattenhaus erfährt man die jahrhundertealte Weisheit, wie schön gefiltertes Licht im Gegensatz zum grellen Licht draußen sein kann. Betrachtet man ein altes Foto von einem niedrigen Haus mit Veranda, das in der australischen Wüste im westlichsten Teil von New South Wales auf einer von Sanddünen umgebenen Böschung steht, erkennt man, wie das benachbarte Buschhaus empfindliche Pflanzen vor sengender Hitze und Frösten schützt. Dort kann eine Grünpflanze nämlich selbst unter völlig anderen Lichtverhältnissen und klimatischen Bedingungen überleben. Die Siedler zogen in ihren Buschhäusern damals begehrte Pflanzen auf, und ihre Palmen, Farne, Orchideen und Fuchsien unterschieden sich nur wenig von denen, die man zu jener Zeit auch in englischen Gewächshäusern antraf. Das Schattenhaus meiner Großmutter quoll vor Farnen regelrecht über. Nach ihrem Tod wurden sie uns zugeschickt: riesige Körbe mit Frauenhaarfarn, dazu drei oder vier andere Arten, die ständig vor Frost und Tageslicht geschützt werden mussten und nur in gefiltertem Licht und bei hoher Luftfeuchtigkeit gediehen.

Wer heutzutage ein Schattenhaus besitzt, kann sich glücklich schätzen, aber ein beschatteter Wintergarten oder ein schattierbares Gewächshaus erfüllen denselben Zweck.

Der Spaltfarn *Lygodium* bildet einen attraktiven doppelt gefransten Spitzenvorhang, der aus Körben herunterhängt. Er benötigt gut drainierende Erde. Dasselbe gilt für den Streifenfarn *Asplenium bulbiferum*. Bepflanzen Sie eine dekorative Sockelschale mit den Vogelnestfarnen *Asplenium australicum* und *A. nidus* und platzieren diese über Augenhöhe. Dann sehen die großen leuchtenden Schwertblätter zwischen den spitzenartigen anderen Farnen kräftig und architektonisch aus, und der erhöhte Standort verdeckt ihre weniger attraktive Mitte.

In wärmeren Gegenden wachsen viele Kletterpflanzen so stark, dass sie Bögen und Zierstützen überflüssig machen und von allein schon Schattenhäuser bilden. Der stark duftende *Jasminum polyanthum* mit seinen muschelrosa Blüten über spitzen, karmesinroten Knospen kann ein kleines Gebäude völlig verdecken. Noch schöner sieht er aus, wenn dazwischen die ledrigen Blätter der Wachsblume *Hoya carnosa* durchscheinen. Diese Pflanze gilt in kühleren Gegenden häufig als besonders empfindlich, aber ich habe festgestellt, dass sie an Stellen, an denen es ihr gefällt, regelrecht wuchern kann. Die Blüten sehen wie gefrorene Wachssträußchen aus, die aus den fünfseitigen, päckchenförmigen Knospen erblühen und das zarte Rosa von Miederwaren haben. Spinnen mögen diese Pflanze sehr, und wenn sie an einer exponierten Stelle steht, möchte ich ständig ihre Blätter von den staubigen Spinnweben befreien. Deshalb lässt man sie am besten von

Die kühl-grünen Wedel des Frauenhaarfarns *(Adiantum)* lassen selbst die dunkelsten und härtesten Oberflächen zauberhaft weich und hell wirken.

VORHERGEHENDE DOPPELSEITE: An diesem kleinen Hain auf Kennerton Green ist der Japanische Ahorn vor starkem Sonnenlicht geschützt und kann im Herbst ungehindert seine Farbenpracht entfalten.

»Hier erfährt man die jahrhundertealte Weisheit, wie schön gefiltertes Licht sein kann ...«

anderen Kletterpflanzen überwuchern. Dazu fällt mir folgende Geschichte ein: Als ich das erste Mal nach West Green House kam, gab es dort eine Orangerie aus dem Jahr 1720, die zwar nicht mehr verglast war, aber doch noch einigen Kamelien Schutz bot. Besonders wertvoll schienen zwei Töpfe zu sein, die dick in frostdichte Tücher eingewickelt waren. Ich erkundigte mich, was das für Pflanzen seien, und ob ich sie einmal sehen dürfte. Nein, gab mir der Gärtner zur Antwort, das wären besondere Pflanzen, die in der Kälte des englischen Winters eingehen würden. Ich setzte mich durch und durfte einen raschen Blick werfen, um gleich darauf loszulachen – denn nur 24 Stunden zuvor hatte ich in Australien einen Arbeiter dafür bezahlt, eine Reihe störrischer Oleander auszugraben, die einfach nicht eingehen wollten. In England hingegen wurden sie wie ein Schatz gehütet!

Bepflanzung im Schatten

Spätestens im Hochsommer leiden Rasenflächen im heißen, trockenen Klima selbst unter einem Baldachin dunkelgrünen Laubschattens. Deshalb habe ich dort auf ein festes Landschaftsmuster zurückgegriffen, ein Gitter aus Sandsteinwegen, in der Größe entsprechend der Schattierung. Die quadratischen Flächen wurden mit schattenverträglichen Bodendeckern wie dem bronzeblättrigen, blaublütigen Günsel *Ajuga reptans* 'Jungle Beauty' und dem altmodischen Duftveilchen bepflanzt. Bei diesen denkt man zwar mehr an moosige Böschungen, doch sie sind recht anpassungsfähig und brauchen nur an ganz heißen Tagen Wasser. *Ophiopogon planiscapus* 'Nigrescens', ein langsam wachsendes, schwarz-bronzefarbenes, grasähnliches Liliengewächs, bildet als Quadrate neben seinem grünen Bruder *Ophiopogon japonicus* einen wunderbaren Kontrast. Diese Kombination sorgt zudem für Form und Textur, da beide ziemlich schmale und feine Blätter besitzen, während die anderen Pflanzen eher runde Blattformen haben.

Statt an einer schattigen Stelle mühsam ein Staudenbeet anzulegen, sollten Sie versuchen, die Vorteile einer eher architektonischen Gestaltung zu sehen – etwa von flachen geometrischen Formen, die mit unterschiedlichen Schatten verträglichen Bodendeckern bepflanzt oder aber mit festen Materialien aus dem Landschaftsbau gefüllt werden. In modernen Stadtgärten hat sich ein Gitter aus quadratischen Beeten mit ausschließlich immergrünen Hecken oder einer Bepflanzung mit nur einer Art bewährt. Ich empfehle gerne, blockweise die kleinblättrige immergrüne Lorbeerkirsche *Prunus lusitanica* zu pflanzen, die sich auch unter ungünstigen Bedingungen bewährt hat. Weitere zuverlässige Pflanzen für lichten Schatten sind die Hortensie *Hydrangea macrophylla* 'Lace Cap' und die Japanische Azalee (*Rhododendrum indicum*) 'Alba Magna'.

Farbiges Licht

Pagoden, Wege mit Rankgittern, Spaliere über Terrassen und Pergolen – sie alle schaffen in einem Garten zauberhafte Flächen farbigen Lichts. Blickt man unter einem Rankgitter voller herabfallender Blütentrauben von Goldregen oder Glyzine nach oben, ist es, als schaut man in farbiges Licht. Ich bevorzuge die zartestrosafarbene *Wisteria floribunda* 'Kuchi-beni', deren Blütenkaskaden 10–45 cm lang werden können und bei stärkerer Sonneneinstrahlung zu Weiß verblassen. Ebenfalls geeignet ist *Wisteria floribunda* 'Hon-beni', die bekanntere dunklerrosafarbene Glyzine, wegen ihres rosigen Glanzes auch 'Rosea' genannt. Diese Pflanze ist nicht so reichblühend und verlässlich wie 'Kuchi-beni', bildet jedoch im Licht des beginnenden Frühlings einen rosafarbenen Sonnenregen.

Alte Feigenbäume, als Überdachung von Spalieren gezogen und entsprechend geschnitten, werfen tiefgrünen Schatten, ebenso die großen Blätter der Weinrebe im Mittelmeergebiet und die gestutzten Platanen, die auf französischen Terrassen stehen. Die Passionsblume, in australischen Hinterhöfen weit verbreitet, ist glänzend dunkelgrün und hat mattpurpurne Früchte. An einfachen Drähten festgebunden, sorgt sie im Sommer ebenfalls für dichtes, kühl-grünes Licht. Besonders intensiv wirkt das Funkeln unter einer grünen Markise. Unvergessen sind die letzten warmen Sommertage unter den feurigen Blättern eines herbstlich rot-gold gefärbten Zierweins wie *Vitis davidii.*

Falls Sie im Garten Platz für Bäume haben, dürfen Sie bei der Planung keinesfalls lebhafte Herbstfarben wie die der Pistazie *Pistacia chinensis* vergessen. Dieser Baum mit seinen karmesinroten, orangefarbenen oder scharlachroten Blättern ist im Herbst in kühleren Regionen ein echter Blickfang. Auf Kennerton Green wirft ein Ahornhain feuriges Licht auf eine Reihe dunkler Zypressen, und in kühleren Gegenden kommt die Farbe des Silberahorns *Acer saccharinum* noch besser zur Geltung. In meinem australischen Garten reflektiert der Tupelobaum *Nyssa sylvatica* oranges Licht in die Küche, wenn ihn die Sonne an Herbstnachmittagen direkt von hinten anstrahlt. Auf West Green House steht eine solche Baumgruppe an einem neu angelegten See und taucht diesen in strahlendes Rot. Obwohl Tupelobäume nur langsam wachsen, sind sie ein Muss, sofern Sie das gemäßigte Klima und den Platz dafür haben.

Suchen Sie sich möglichst schöne Laubbäume aus, die anspruchslos sind und nicht schon im Spätsommer ihr prächtig gefärbtes Laub abwerfen. Der Amberbaum *Liquidamber styraciflua* gedeiht in vielen Klimazonen gut, und seine Blätter verfärben sich in allen Schattierungen, von dunkelstem Pflaumenblau bis Rot, Gold und Gelb. Er trägt sein Herbstkleid selbst dann noch, wenn alle anderen Bäume bereits völlig kahl sind. Auch auf Eschen ist Verlass: die Goldeschen *Fraxinus excelsior* 'Aurea' und *F. angustifolia* 'Raywood' bestechen durch tiefgoldenen beziehungsweise rubinroten Lichteinfall.

RECHTS: Bald wird diese junge Glyzine *(Wisteria sinensis)* die Vorhofarkade von West Green House überwuchert haben.

GEGENÜBER: Im Frühjahr setze ich in schlichte Terrakottatöpfe Stiefmütterchen und früh blühende Tulpen. Auch grüner Buchs in kleinen Töpfen rundet harte Oberflächen ab.

Lichtkontraste

In klassischen Gärten kommt Licht in lange grüne Tunnels oder Mauern oft durch helle Statuen, Urnenvasen, Obelisken, Säulen, eine Skulptur oder einen Zierbrunnen. Von weißem Stein eingefangenes Licht bildet einen dramatischen Hintergrund für dunkles Laub, und ein Lichtstreifen kann wie eine diamantenbesetzte Perle aus einem »kleinen Schwarzen« herausblitzen. Einmal bepflanzte ich im Sommer auf West Green die großen Urnenvasen, die überall im Green Theatre standen, mit üppigen Blumenarrangements. Für Höhe sorgten die cremefarben-grün gestreiften Blätter des Neuseeländer Flachs *Phormium* 'Cream Delight' und stachelblättrige Yuccas, deren ausgewachsene Exemplare mit weißen Blütenglocken bedeckt waren. Hängende Margeriten und Geranien quollen über die Ränder, und dazu setzte ich noch mehrere Asiatische Lilien *L.* 'Apollo'. Graue Strohblumen und Fuchsien vervollständigten das Arrangement, das zu einem romantischen zartweißen Blickfang vor tiefgrünen Eibenhecken wurde.

Schalen in Eingangshöfen, Innenhöfen und Vorgärten können bei Tag und bei Nacht das Augenmerk auf sich ziehen. Dunkelblaue und purpurfarbene Blumen »sterben« unter künstlichem Licht, aber hellblaue wirken vor einem Hintergrund aus Hellgelb, Limetten- oder Blassgrün unter heißer Sonne, im Schatten oder im Licht von Laternen hell und einladend. Eine große Schale, die mit schlichten hellgelben Pflanzen wie der gefransten Tulpe 'Maja' oder der hohen lilienblütigen Tulpe 'West Point' und Unmengen von Vergissmeinnicht bepflanzt ist, kann einen andernfalls monotonen grauen Garten schon im zeitigen Frühjahr aufhellen.

Jeden Winter setze ich auffallend gestutzten Buchs oder Stechpalmen in große Urnenvasen neben die Eingangstür. Die Farben ändern sich zwar je nach Jahreszeit, doch das elegant glänzende Grün ist von Dauer. In der dunklen Jahreszeit fällt dann das Licht im Haus von hinten auf diese Schalen und verleiht ihnen eine dramatische Wirkung.

8 Glitzerndes Licht

Auf meiner ersten Italienreise bog ich an einem heißen Julitag unweit von Rom von einer belebten Straße ab und hielt auf einen Parkplatz, dessen staubiger Kies Wolkenschwaden aufwirbelte, als ich ausstieg. Gleich dahinter führte ein Gartenweg in eine düster-grüne Unterwelt, wo in einen völlig mit weichem Moos überzogenen Hügel riesige Terrassen gehauen waren. Schmale Sonnenstrahlen drangen durch den grünen Baldachin, wanderten über Reihen spielender Brunnen, fingen die unzähligen Wassertröpfchen wie glitzernde Pailletten auf und erhellten die terrassierten Gärten mit winzigen Lichtpunkten. Im berühmten Park der Villa d'Este wurde mir zum ersten Mal klar, welche Kraft Wasser besitzt, um einen Garten zu erleuchten.

Wenn Sie die Gelegenheit haben, setzen Sie sich einmal neben einen klaren mäandernden Fluss und beobachten, wie das Wasser im direkten Sonnenlicht blendet, im gebrochenen Licht jedoch glitzert. Oder schauen Sie in einen stillen Seerosenteich. Er mag zwar ruhig wirken, doch die absolute Stille wird durch das Leben rings um die Pflanzen gestört. Ihre glänzenden Blätter wirken wie Reflektoren, und die winzigen Insekten, die um sie herumschwirren und ins Wasser eintauchen, bewegen die Oberfläche und erzeugen so weitere Lichtreflexe.

Wasser bringt Licht

Häufig stehen für die Anlage eines Gartens nur rechteckige Flächen zur Verfügung. So ging es mir mit meinem Strandgarten auf Dangar Island. Die Insel ist ein wunderschöner Ort, wo es noch immer dichte Eukalyptusbestände gibt, und liegt in der Mündung eines breiten Flusses, dessen Ufer unberührtes Buschland tragen. Diese Atmosphäre wollte ich in dem hinteren Teil des Gartens aufgreifen, der von ausgewachsenen Eukalyptusbäumen und der lavendelblauen *Jacaranda mimosifolia* stark beschattet wurde. Ich musste Licht mit Wasser einfangen, um irgendwie mit dem Glanz des Meeres hinter der Eingangstür mithalten zu können. Also ließ ich einen trägen, S-förmigen Wasserlauf durch den Garten anlegen, der jenseits des Hauses in einen Lotosteich mündete, wo das Wasser mit einer einfachen Pumpe umgewälzt wurde. Da der Bach über die unebenen Buschfelsen verlief, fing er die Sonnenstrahlen ein, die sich durch das Laubdach stahlen – zuerst von den Eukalyptus- und Jacarandabäumen, dann Zitrusbäume und schließlich eine Bachbepflanzung aus Japanischen Iris, hohem Papyrusgras und einer Reihe recht ausladender Zwergahorne, meistens *Acer palmatum* und *A. palmatum* 'Dissectum'. Dieser silberne Wasserstreifen war voller Leben und mindestens so verführerisch wie das dahinter liegende offene Meer.

Sämtliche *Iris*-Arten eignen sich ideal für eine Bepflanzung am Wasser. Auf trockenen Wegen oder Böschungen fühlt sich die Bartiris *Iris germanica* zu Hause. Sie ist eine sehr genügsame Pflanze und braucht nur ein paar Hand voll Langzeitdünger und Kalk, aber auch die klirrende Kälte des Winters, um schöne Blüten anzusetzen.

Taglilien sind sogar noch anspruchsloser. Sie fühlen sich sowohl in tropischem als auch gemäßigtem Klima wohl und treiben im Hochsommer laufend Blüten, ohne besonderer Pflege zu bedürfen.

Für wärmere Regionen empfehle ich Louisiana-Iris. Sie gedeihen prächtig im Wasser, blühen aber auch als Randbepflanzung. Japanische Iris scheinen wie geschaffen für künstliche Wasserläufe. Nehmen Sie die Pumpe nur im Frühjahr und Sommer in Betrieb, denn diese Iris möchte im Winter trocken stehen. Im Hochsommer bringt sie riesige, 30 cm große Blüten hervor, hinter denen hohe, anmutige Blätter aufragen.

»... über den tanzenden Lichtreflexen nicken die Tulpen, und das Funkeln wird von der bewegten Wasseroberfläche des von Felsen gesäumten Bächleins reflektiert.«

LINKS: Die hohe Iris hat nicht nur wunderschöne Blüten, sondern fängt durch ihre seidige Textur auch das Sonnenlicht ein und reflektiert es.

OBEN RECHTS: Auf dem kleinen Wasserlauf tanzt das Licht und lässt die päonienblütige Tulpe 'Angélique' matt schimmern.

VORHERGEHENDE DOPPELSEITE: Dieser Teil des ummauerten Gartens mit seiner spiegelglatten Wasserfläche ist ein idyllisches Fleckchen, das zum Meditieren einlädt.

Schattenbereiche mit Wasser aufhellen

Auf Kennerton Green bringt heute ein dezenter und doch ins Auge fallender Wasserstreifen Licht in ein vormals eher langweiliges langes Zwiebelblumenbeet. Im Lauf der Jahre hatte sich in dieser Ecke des Gartens eine kunterbunte Mischung aus den üblichen Zwiebelblumen und Frühjahrsblühern angesammelt. Als die Bäume höher wurden, verdichtete sich auch ihr Blätterdach, und die Zwiebelblumen trieben mehr Blätter als Blüten. Das Licht der Frühjahrssonne wurde völlig vom riesigen Blütenmeer der Bäume geschluckt. Es war Zeit für eine Verschönerungsaktion. Der Garten unter den Bäumen brauchte Licht und Beleuchtung von hinten, damit die Zwiebelblumen mit den Baumblüten mithalten konnten.

Ich ließ das Zwiebelblumenbeet über die gesamte Länge ausheben, und jetzt plätschert ein 85 m langes Bächlein über unebene Steinbrocken in vier Teiche, wo schöne Lichtreflexe und -spiele entstehen. Den Mittelpunkt bilden freilich nach wie vor die Zwiebelblumen und nicht das Bächlein, das lediglich ein geheimnisvolles Funkeln erzeugt, dessen Ursprung ein Betrachter nur dann entdeckt, wenn er genau hinschaut. Im Frühjahr verschwindet das Rinnsal völlig unter den Blumen – über den tanzenden Lichtreflexen nicken die Tulpen, und das Funkeln wird von der bewegten Wasseroberfläche des von Felsen gesäumten Bächleins reflektiert.

Im Hochsommer grabe ich dann die Zwiebelblumen aus und überlasse das Feld den Funkien, die dicht gedrängt am Wasserrand stehen. Es ist eine eklektische Mischung in allen Grünschattierungen – von Blassgrün und Gelb bis zu Blättern mit gold-weißen Rändern. Leider sind wir auch hier gegen die Schnecken machtlos. Das Bächlein, bisher nur eine zusätzliche Lichtquelle, rückt in diesem Teil des Gartens nun stärker in den Vordergrund. Sein Glitzern unterstreicht Form und Größe der Funkienblätter und lenkt vom Laub der Bäume ab, dem die Hitze schon sehr zugesetzt hat.

Mit einem Bachlauf, und sei er noch so klein, lässt sich jeder Garten zum Glitzern bringen. Sie brauchen dazu nur einen kleinen Teich mit einem Umwälzbehälter, eine Rinne, die mit schwarzer Polyethylenfolie ausgekleidet und anschließend mit Steinbrocken oder Kies belegt wird, sowie eine Pumpe und natürlich Wasser – zum Beispiel aus dem Gartenschlauch. Bevor Sie im Frühjahr die Pumpe einschalten, müssen Sie darauf achten, dass Teich und Wassertank voll sind, und füllen hin und wieder Wasser auf, da es mit der Zeit verdunstet.

Funkien sind die perfekten Schattenpflanzen. Sie bilden runde Büschel wunderschön geformter und gefärbter Blätter, die in den dunkelsten, feuchtesten Ecken gedeihen, aber selbst in kälteren Gegenden in praller Sonne versengen. *Hosta sieboldiana* hat riesige, schön geaderte, blaugrüne Blätter und wächst in Büscheln, die 1,5 m Durchmesser erreichen. Die ovalen Blätter der *Hosta crispula* tragen weiße Ränder und sehen besonders als Unterpflanzung von grünen und weißen Tulpen gut aus, wenn sie im Frühjahr unter dem Schatten der Bäume ein weißes Lichterband bilden. *Hosta fortunei* 'Aureomarginata' präsentiert große, tiefgrüne Blätter mit gelb-grünen Flecken – goldene Blickpunkte, die die Farbe jedes goldenen Schatten spendenden Baumes aufgreifen. Am schönsten wirkt *Hosta* 'Gold Standard' mit ihren herzförmigen goldgelben Blättern, die nur einen Hauch Dunkelgrün erkennen lassen.

Effekte durch Wasser

Nachdem das Dornengestrüpp in meinem englischen Garten beseitigt war, konnte ich endlich durch das wunderschöne Moongate aus dem 19. Jahrhundert gehen und einen ersten genaueren Blick auf das alte Brunnenhaus erhaschen. Auf der bröckelnden Fassade standen Worte von Alexander Pope, einem Dichter des 18. Jahrhunderts: »Ein bisschen Lernen ist eine gefährliche Sache. Nimm einen tiefen Zug aus der Quelle der Musen oder lass es ganz bleiben.« Darunter war einst Wasser aus einer Teufelsfratze in eine Schale geflossen, die sich wiederum in ein Becken ergoss. Ein Stückchen entfernt endete ein ausgetrocknetes Bachbett in einem Haufen grauer Steine, die man so angeordnet hatte, dass es aussah, als stürzten sie wie Wasser in zwei nebeneinander liegende Teiche. Diese allegorische Vorstellung war zwar sehr schön, doch wirkte das Ganze trotzdem langweilig und belanglos.

Heute befindet sich an dieser Stelle ein echter Wassergarten, der das beeindruckende Nymphäum abrundet. Wasser ergießt sich über Stufen, die in den natürlichen Hügel gehauen wurden, fängt dabei das Licht ein und streut es. Hier herrschen die Farben Grün, Weiß und Silber vor – das glitzernde Schauspiel von Licht und Wasser wird von einer Allee aus unterschiedlich hohen Eiben eingerahmt. Das Wasser rinnt aus der Teufelsfratze in die Schale, das Becken und das Reservoir, taucht in dem Bauchlauf wieder auf und plätschert dann wie ein bewegter Spiegel breite flache Stufen hinab. Dabei fängt es das kühle Licht des Nordens ein und unterstreicht die klassische Heiterkeit die Anlage. Aus den spiegelklaren Teichen fällt das Wasser dann rechts und links der alten Stufen als ein Lichterband abwärts und lädt zur weiteren Erkundung dieses glitzernden Gartens ein.

Werden Wasserspiele und kleine Teiche, die man voller Begeisterung im Garten angelegt hat, nicht regelmäßig gepflegt, verkommen sie rasch zu stechmückenverseuchten Tümpeln. Ein Springbrunnen dagegen sieht selbst dann noch schön aus, wenn er nicht benutzt wird. Auf Kennerton Green ließ ich in der Mitte des Gemüsegartens einen kleinen Bronzebrunnen installieren – mit pausbäckigem Putto, Schwänen, Frösche und einer Schildkröte. Das Wasserbecken, in dem mittlerweile kleine rosa Seerosen gedeihen, dient auch den prächtigen Pfautauben als Tränke, die herausgefunden haben, dass es hier frisches Wasser gibt. Nicht zuletzt dank der schneeweißen gefiederten Gäste wurde der Brunnen unvermutet zum bezauberndsten Fleckchen des ganzen Gartens. Der Teichrand ist breit genug, dass man sich dort nach der Arbeit im Gemüsegarten hinsetzen und erholen kann. Dort lässt sich auch gut beobachten, wie die Wassertropfen einen Lichtstrahl einfangen, der sich dann in Millionen aufstiebender Funken bricht.

Selbst kleinste Gärten und Innenhöfe gewinnen durch Terrassierungen. Legen Sie beispielsweise eine kleine Treppe an, in deren Mitte ein Wasserlauf integriert werden kann, so dass das plätschernde Nass über die Stufen rinnt. Flankierend pflanzen Sie eine kleine, exakt gestutzte Hecke. Dafür eignen sich der bläulich wirkende *Rosmarinus officinalis,* der auch einen trockenen Standort verträgt, *Buxus sempervirens* oder *Lonicera nitida,* die beide kleine grüne Blätter haben. Das Wasser in dem winzigen Kanal erzeugt Lichtreflexe, deren Wirkung vom Material abhängt: Bei Marmor ergibt sich ein sanftes cremeweißes Licht, Kieselsteine hingegen fangen jegliches Licht ein, reflektieren es dunkler, gebrochener und lenken den Blick auf den Garten.

GEGENÜBER: Zum Nymphäum am Ende des Gartens von West Green House führen alte Stufen, die rechts und links von glitzernden Wasserrinnen gesäumt werden.

OBEN: Ein schmales Wasserband führt wie ein Lichtpfeil durch alten Buchs und lenkt den Blick auf die imposante Fassade des Nymphäums.

Stilles Wasser als Lichtreflektor

Jeder Teich fängt das Licht in all seinen Formen ein. In entlegenenen oder umfriedeten Gartenbereichen wird er zum Zaubersspiegel, vorausgesetzt, es kommt genügend Licht an diese Stelle. Der lange flache Teich im Rosengarten von Kennerton Green reflektiert das Blau des Himmels und die blassen Farben der Hochstammrosen, die an seinem Ufer wachsen. Stehen die Pflanzen in voller Blüte, wirkt das Schauspiel natürlich am schönsten, doch sieht es auch zu anderen Jahreszeiten stilvoll und interessant aus.

In modernen Stadtgärten wird Wasser häufig als Lichreflektor eingesetzt. Leider werden die oft rechteckigen Becken meistens nicht bepflanzt, weil man sich ganz auf die Spiegelwirkung des Wassers verlässt. Dabei fängt es gerade in schattigen Bereichen am meisten Licht ein, wenn es mit Licht reflektierenden Seerosen, Teichiris oder (in wärmeren Gegenden) mit eleganten Lotosblumen, *(Nelumbo nucifera)* bestückt ist. Beschattete Becken wirken schnell düster und werden leicht zu Sammelstellen für windverblasenen Unrat. Zudem wird das Wasser modrig und unansehnlich, wenn man keine Umwälzpumpe hat oder keine Pflanzen einsetzt, die das Wasser mit Sauerstoff versorgen.

Wasserbecken

Im Lorbeergarten auf Kennerton Green erhalten die geometrisch gepflanzten Bäume mit ihrem mattgrünen Laub inzwischen Lichtreflexe von einem langen Wasserbecken, aus dem das schimmernde Nass über unterschiedlich lange Kupferrinnen tropft, was nicht nur Lichtfacetten zaubert, sondern auch musikalische Klänge erzeugt. In vielen Gärten findet man hübsche Becken und Springbrunnen, die aus Wasserspeiern in allen erdenklichen Formen gespeist werden. Die Becken lassen sich leicht selber in der gewünschten Größe aufmauern und mit Sandstein, Marmor, Granit oder verputztem Zement verkleiden. Ein Metalleinsatz oder Teichfolie sorgen dafür, dass das Wasser nicht versickert. Figurenschmuck wie Delphine, Löwen und Reiher oder Zierwasserhähne erfreuen sich wachsender Beliebtheit. An drückenden Tagen erzeugen das Plätschern und das Licht, das auf der bewegten Wasseroberfläche tanzt, den Eindruck von Kühle und Leben an Stellen, die sonst heiß und trocken sind.

LINKS: In der unbewegten Wasseroberfläche des Teiches spiegeln sich die Bäume und ein Stück Himmel.

RECHTS: Rinnsale verwandeln sich in reines Licht, das selbst die trübsten Oberflächen zum Leben erweckt.

GEGENÜBER: Das stille Wasser hat sich in eine spiegelnde Oberfläche verwandelt und reflektiert das umgebende Licht.

»... ein flüchtiger Morgen aus weißem Schimmer – und ein Grund, auch im nächsten Jahr wieder ein neues Beet anzulegen.«

Winterliches Glitzern – zu Schnee oder Eis gefrorenes Wasser macht aus dem Garten eine Stickerei, ein Stilleben aus weißem ziseliertem Eis über dunklem Grün, wenn die Hecken und Beeteinfassungen eines Parterres oder die geschnittenen *Santolina*-Büsche zu Tischdecken aus weißer Spitze gefrieren. Das Licht solcher Schätze nach einem strengen Frost ist einer der bezauberndsten Anblicke, die man als Gärtner planen kann, ein flüchtiger Morgen aus weißem Schimmer – und ein Grund, auch im nächsten Jahr wieder ein neues Beet anzulegen.

Glas und Glasuren als Lichtreflektoren

Mit leuchtenden Glasmosaiken und glasierten Keramikfliesen können Sie buntes Licht einfangen und in einen geschlossenen, dunklen Laubengang lenken, in dem keine weiteren Pflanzen gedeihen. In einem kleinen Garten schaffen Spiegel Trompe-l'oeil-Effekte, die den Eindruck von Licht und Weite entstehen lassen. In meinem australischen Garten habe ich in einen düsteren Bereich fröhliches Licht gebracht, indem ich zwei Nischen mit handbemalten Kacheln auskleidete, die in leuchtenden Farben die Geschichte des heiligen Franz von Assisi und seinen Vögeln erzählen. General Hawley wählte vor 300 Jahren lieber die formale Variante, als er die Büsten römischer Kaiser in den runden Nischen der Hauswand aufstellen ließ. Dadurch wirkt das kleine Haus trotz der einfarbigen Mauer recht phantasievoll.

In umschlossenen Innenhöfen kann schon ein einfacher Wandspiegel das Licht einfangen und in andernfalls trostlos dunkle Ecken lenken. Jedes Kind weiß, dass ein noch so kurzer Weg unendlich lang erscheint, wenn er auf einen Spiegel zuführt. Die Gartengestalterin Rosemary Alexander schuf eine täuschend echt wirkende Illusion, indem sie vor einem Wandspiegel ein Tor aufstellte – eine einladende Geste, die den Besucher lockt, diesen lichterfüllten Raum zu betreten.

Bei Stadtgärten kann man angrenzende störende Mauern in einen perfekten Hintergrund für alle möglichen Wandtafeln verwandeln. Im Fachhandel gibt es hervorragende Nachbildungen klassischer Statuen, oder Sie machen es wie ich und sammeln im Urlaub volkstümliche, mit leuchtenden Farben glasierte Kacheln. Besonders wirkungsvoll sind etwas rissige Oberflächen, die das Licht brechen und reflektieren. Ich habe immer noch einen Schuhkarton voller bunter Kacheln zu Hause, die ich irgendwann in eine Wandfläche einlassen will. Die lauten, grellen Folklore-Farben passen ausgezeichnet in einen gepflasterten Pfad aus Stein- oder Zementplatten, Klinker oder Terrakottafliesen. Aufs Geratewohl verteilt oder in säuberlichen Reihen, bringen sie Licht, Farbe und Leben in eine allzu nüchterne Umgebung.

Ich gebe zu, dass ich in Kirchen gern die Wandinschriften betrachte. Zuerst fällt mein Blick stets auf die blank polierten Messingtafeln, denn auf dem hellen Metall tritt die schwarze Schrift stärker hervor. In einem Garten wird solch ein glänzendes Objekt jeden Sonnenstrahl einfangen und uns wie Motten das Licht anlocken. Ich habe auf Kennerton Green nur eine Sonnenuhr und eine Kugel verwendet, die inzwischen schon nachgedunkelt sind und ihren Glanz weitgehend verloren haben. Trotzdem sind sie noch hell genug, um das Licht zu brechen und die eingefangene Sonne in einen stillen Garten zu bringen. Auch eine Metallplatte mit schönen Versen sammelt verstreutes Licht. Mir gefällt die Vorstellung, beim Unkrautjäten auf einen Vers zu stoßen – er gibt einem etwas zum Nachdenken, und das Metall wirft unauffällig Licht auf die Umgebung.

Amerikanische Freunde haben mir von dem aus Seattle stammenden Künstler Dale Chihaly und seinen gläsernen Gartenskulpturen erzählt. Bei seiner Ausstellung im letzten Sommer hatte man zinnoberrote Glasstangen in die Hauptrabatten vor dem Government House in Sydney gesteckt. Sie erinnerten an die hohen, dünnen Pfosten, an denen venezianische Gondeln vertäut werden, und ich fand diese schmalen Zylinder aus zinnoberrotem Licht einfach phantastisch. Natürlich waren diese Stangen für eine entschieden größere Fläche gedacht, aber ich kann mir gut vorstellen, dass eine kleine Gruppe in einem modernen Garten ganz zauberhaft wirkt, weil sie ständig buntes Licht in das Grün reflektiert und an grauen Wintertagen für leuchtend rote Lichtakzente sorgt.

Licht am Boden

Die Entscheidung, einen Garten zu pflastern, kann das Licht und die Stimmung enorm beeinflussen. Reinweiße Kieselsteine etwa bringen durchaus Helligkeit auf einem schattigen Weg und Licht in düstere Ecken. Manchmal kann diese Art, das Licht zu reflektieren, jedoch zu viel werden. Es war ganz zu Anfang meiner Zeit auf Kennerton Green, im Februar, unserem heißesten Monat, und ich erinnere mich ganz deutlich daran, wie ich mittags in das Cottage ging, um das Geschirr zu spülen. Von der Küche aus schaute man auf einen reinweiß gekiesten Parkplatz, eine blendende viereckige Fläche, von der ein unglaubliches Gleißen ausging, das unbedingt gedämpft werden musste, wollte man eine Oase der Stille und Heiterkeit schaffen. Die Lösung war ein kleines Parterre, das ich nach einem klarem Design mit Dunkelgrüntönen bepflanzte, die jetzt das Strahlen absorbieren. Es zeigte mir, dass eine strahlende Wirkung gedämpft oder kontrolliert werden muss, wie einige wenige Pailletten oder Juwelen auf einem dezenten Stoff.

Jedes Material reagiert anders auf Licht. Mattgraue oder sandsteinfarbene Platten wirken im kühlen nördlichen Licht unaufdringlich, und die Pflanzen, die darauf wachsen, kommen verstärkt zur Geltung. Bestückt man die angrenzenden Beete oder Töpfe mit silber- oder graublättrigen Pflanzen, entsteht ein schwacher Lichtkontrast. Kopfsteinpflaster oder in Mustern verlegte Klinker lassen das Licht auf ihren Oberflächen tanzen. Kies sollte im Ton zur Farbe angrenzender Gebäude oder anderer Strukturen passen, weil das Licht zurückgeworfen wird. Komplizierte Muster und Mosaiken, ob aus Keramikfliesen oder Steinen, sorgen in einem kleinen Bereich mitunter für interessante Lichteffekte, während immergrüne Pflanzen auf weißem Kies oder Marmorsplitt sehr elegant wirken.

»... wird solch ein glänzendes Objekt jeden Sonnenstrahl einfangen und uns wie Motten das Licht anlocken.«

GEGENÜBER: An der Hauswand fällt der Blick auf eine Nische, in der die weiße Marmorbüste eines römischen Kaisers steht.

LINKS: Alte Gartengeräte, weiß besprüht, sind lichte Verzierung und Aufforderung zugleich vor dieser fleckigen braunrosa Wand der alten Orangerie.

Stichwortverzeichnis

Bei der Gestaltung eines Gartens sind Ihnen keinen Grenzen gesetzt. Kluge Bücher und Reisen in alle Welt vermitteln eine schier unüberschaubare Fülle von Eindrücken, und wir wissen dann oft nicht, wie unser Wunschgarten eigentlich aussehen soll. Hinzu kommt, dass sich unsere Träume im Laufe des Lebens ändern. Als Kinder wollten wir einen großen Garten mit Sandkasten, Wippe und Schaukel, heute denken wir an Schwimmbecken und Veranden, die sich für schicke Partys eignen. Später dann treten Gärten, die klassische Heiterkeit ausstrahlen, und ruhige Innenhöfe an ihre Stelle, denn unsere Bedürfnisse ändern sich mit zunehmendem Alter. So hat jeder seinen eigenen Traum. Viele sind von Berufs wegen gezwungen, jahrelang in Stadtwohnungen zuzubringen, wo lediglich ein windiger Balkon oder ein kleiner karger Grünstreifen in einem verwahrlosten Hinterhof an die Farbe Grün erinnert.

Eines Tages aber werden Sie *Ihren* Garten finden. Und wo immer er auch ist: Setzen Sie sich hin und betrachten Sie in Ruhe den Himmel und die Landschaft. Sie nämlich geben die wichtigsten Anhaltspunkte, wie man einen wunderschönen Garten voller Licht und Farbe gestaltet.

VORHERGEHENDE DOPPELSEITE: Der Zierlauch *Nectaroscordum siculum* ssp. *bulgaricum* – eine Feuerwerksgarbe zarter grünlich-weißer Blütenglocken, deren rotbraune Streifen im Licht aufleuchten.

Seitenzahlen mit * verweisen auf Abbildungen, fett gesetzte Seitenzahlen sind Hauptverweise.

Ideen für die Gartengestaltung.

Robert Markley
Ziergehölze für den Garten
Besonders attraktiv, für jeden Garten, überall erhältlich und leicht zu pflegen: die 250 besten Arten und Sorten für jeden Zweck – von Laub- und Nadelgehölzen bis zu Rhododendron und Klettergehölzen – mit wertvollen Praxistipps.

Robert Markley
Die BLV Rosen-Enzyklopädie
Das einzigartige Standardwerk, das in Inhalt und Ausstattung neue Maßstäbe setzt: das komplette Know-how rund um die Rose mit einer Fülle von Beispielen für die Gartengestaltung.

Helga Urban
Ein Garten der Düfte
Duft und seine Bedeutung für den Garten, der Zusammenhang zwischen Duft und Farbe, die Gestaltung der verschiedensten Gartenbereiche mit Duftpflanzen, die wichtigsten Duftpflanzen im Porträt, mit Hinweisen zu Duftintensität und Duftcharakter bei jeder Pflanze.

Im BLV Verlag finden Sie Bücher zu den Themen: Garten und Zimmerpflanzen • Natur • Heimtiere • Jagd und Angeln • Pferde und Reiten • Sport und Fitness • Wandern und Alpinismus • Essen und Trinken

Ausführliche Informationen erhalten Sie bei:

BLV Verlagsgesellschaft mbH
Postfach 40 03 20 • 80703 München
Tel. 089 / 127 05-0 • Fax -543 • http://www.blv.de

Christoph und Maria Köchel
Kübelpflanzen
Exotische Pflanzen für Wintergärten und Terrassen: das Standardwerk in Neuausgabe – mit Porträts von über 160 Kübelpflanzen aus aller Welt in Bild und Text, Gestaltungsvorschlägen, Pflanzplänen für Wintergärten und wertvollen Pflegehinweisen.

Jutta Korz
Gärten umgestalten
Der Problemlöser: das Praxisbuch zur Garten-Umgestaltung Schritt für Schritt, Vorschläge und Ergebnisse mit konkreten Beispielen vorher – nachher, die Umgestaltung von Teilbereichen, Renovierung ganzer Gärten.

Martin Stangl
Stauden im Garten
Sonnen-, Schatten- und Prachtstauden, Gräser und Steingartenstauden: alle wichtigen Arten und Sorten mit Informationen zu Auswahl, Pflanzung und Pflege sowie Pflanzplänen und Arbeitskalender.